U0454882

中国多产品出口企业出口产品转换行为研究

仪珊珊　著

中国矿业大学出版社

·徐州·

图书在版编目(CIP)数据

中国多产品出口企业出口产品转换行为研究 / 仪珊
珊著. — 徐州：中国矿业大学出版社，2023.9
　　ISBN 978 - 7 - 5646 - 5959 - 2

　　Ⅰ. ①中… Ⅱ. ①仪… Ⅲ. ①出口产品－产品结构调
整－研究－中国 Ⅳ. ①F752.62

　　中国国家版本馆 CIP 数据核字(2023)第 183615 号

书　　　名	中国多产品出口企业出口产品转换行为研究
著　　　者	仪珊珊
责任编辑	史凤萍
出版发行	中国矿业大学出版社有限责任公司
	(江苏省徐州市解放南路　邮编 221008)
营销热线	(0516)83885370　83885105
出版服务	(0516)83995789　83884920
网　　　址	http://www.cumtp.com　E-mail:cumtpvip@cumtp.com
印　　　刷	苏州市古得堡数码印刷有限公司
开　　　本	710 mm×1000 mm　1/16　**印张** 9.75　**字数** 191 千字
版次印次	2023 年 9 月第 1 版　2023 年 9 月第 1 次印刷
定　　　价	42.00 元

(图书出现印装质量问题,本社负责调换)

前　　言

21 世纪初,国际贸易研究进入"新新贸易理论"阶段,研究重点由国家和行业层面进入微观企业层面。以梅利茨(Melitz)为代表的异质性企业贸易理论学派认为,企业是异质的,异质性企业进入和退出的动态行为会引导资源由低效率企业转向高效率企业,从而提升整体经济的生产率水平。早期研究往往基于"单一产品企业"假定,即假设一家企业只生产一种产品。这一假定与企业生产且出口多种产品种类的现实严重不符,掩盖了企业内产品调整所蕴含的贸易利得,低估了扩展贸易边际的规模和影响。基于多产品企业假定的异质性贸易理论强调企业内产品间存在异质性,认为异质性产品进入和退出企业的动态行为(产品转换行为)将引导资源由低效率产品向高效率产品重新配置,从而对企业、行业乃至整体经济产生影响。因此,企业内的产品转换行为研究是未来异质性企业贸易理论研究的重要方向。本书以多产品企业异质性贸易理论为基础,利用微观企业数据,全面系统地考察了我国多产品出口企业的出口产品转换行为。

本书结合多产品企业异质性贸易理论和我国多产品出口企业的特征性事实,从出口产品转换行为的宏观、微观效应和贸易自由化对出口产品转换行为的影响、出口产品转换行为、企业出口持续时间、出口产品转换行为的动因分析等四个维度展开研究。具体的研究内容与方法如下:第 1 章引言,介绍了研究背景与意义、主要研究内容与方法,以及研究的创新点。第 2 章文献综述,对多产品企业异质性贸易理论与实证研究的发展脉络进行了梳理与总结。第 3 章利用海关进出口数据及工业企业数据与海关进出口数据的合并数据,全面详细地刻画了我国多产品出口企业的特征性事实。第 4 章到第 7 章为本书的核心部分。其中,第 4 章研究了出口产品转换行为的宏观与微观效应。宏观方面,通过将我国的出口贸易额和制造业出口贸易额在不同贸易边际上进行分解,研究了出口产品进入退出行为对贸易增长的贡献;微观方面,基于出口产品转换行为影响企业生产率的机制——"资源重置效应"建立计量模型,使用制造业出口企业层面微观数据进行了深入的实证研究。第 5 章分析了贸易自由化对出口产品转换行为的影响。该章以 2002 年中国加入中国-东盟自由贸易区作为准实验背景,运用海关进出口数据库的微观企业数据,使用双重差分法(DID)来识别贸易自由化,并考察了贸易自由化对出口产品进入和退出企业行为的影响。第 6 章探讨了出口持续时间对出口产品转换行为的影响。该章首先通过二维折线图刻画了企业内出口产品的进入和退出行为随出口持续时间变化的特征性事实;然后构建需求学习模型,试图从国际市场需求冲击的影响方面对出口产品转换行为的变化趋势做出解释;最后构建出口持续时间与出口产品进入率和退出率的计量模型,使用制造业出口企业层面微观数据进行了深入的实证研究。第 7 章考察了企业进行出口产品转换的动因。首先通过二维散点图定性分析了产品新增率与淘汰率的相关关系,证实了出口产品层面的冲击确实会引起企业内资源由"冷门"出口产品向"热门"出口产品的重新配置;其次使用 Logit 模型定量分析了企业层面和企业-产品层面影响出口产品转换行为的因素。第 8 章总结了全书主要研究结论,提出了部分政策建议,并指出进一步研究的方向。

通过研究,本书得出以下结论:

第一,多产品出口企业在出口市场中占据主导地位,这些企业的绩效表现全面优于单一产品出口企业。出口产品的转换行为在出口企业内普遍存在且频繁发生,其中多产品出口企业比单一产品出口企业更有可能进行出口产品转换,而加工贸易企业和外资企业的出口产品组合更为稳定。

第二,宏观层面,出口产品转换行为对我国出口增长的贡献不容忽视,与出口企业的进入退出行为相比,出口产品的进入退出对我国出口的影响更大。微观层面,企业仅淘汰出口产品的行为显著降低了企业的生产率水平,企业同时新增淘汰出口产品的"创造性破坏"行为对企业的生产率具有显著促进作用。分贸易方式的研究结果表明,加工贸易出口具有"订单导向"特征,这种随订单被动调整出口产品的行为阻碍了企业生产率的提高,而一般贸易企业的出口行为反映了"市场导向",企业调整出口产品以积极适应国外市场环境变化的行为对企业的生产率具有显著促进作用。

第三,贸易自由化显著抑制了出口产品进入和退出企业的行为,稳定了出口产品组合。一方面,贸易自由化使出口企业有机会学习国外先进的生产工艺和管理经验,改进原有生产流程和技术。这种"学习效应"提升了现有产品的市场适应能力和存活率,抑制了出口产品退出企业的行为。另一方面,贸易自由化使出口企业面临更为严峻的市场竞争,这种"竞争效应"促使企业放弃"大而全"的出口策略,将资源向核心出口产品集中,从而抑制了新产品进入企业的行为。

第四,出口产品进入企业的速度随出口持续时间的增加呈现显著下降趋势,证实了理论模型的预期,即"成熟"的出口企业在持续出口过程中积累经验,逐步"学习"目的国真实市场需求,因此在面临外部冲击时表现得更为稳健。出口产品退出企业的速度随出口持续时间的增加呈现上升趋势,这一结论与理论预期相反。可能的原因在于:我国企业的出口生存期往往较短,仅持续出口 2～3 年便退出市场,而企业在退出前 1～2 年内由于生产率迅速下降而大幅缩减出口产品范围,大量的出口产品退出抵消了产品退出率自身的下降趋势。

第五,产品层面,出口产品层面的外生冲击(需求或供给冲击)确实在一定程度上解释了我国出口企业内资源由"冷门"产品向"热门"产品的重新配置,即出口产品的转换行为。企业层面,考虑到应对市场波动与风险的能力,出口规模小的企业更有可能放弃出口产品来应对冲击;出口产品范围广、出口时间长的企业,产品间的可替代性较强,且拥有更多的资源与经验用以调整产品,因此放弃出口产品的可能性更高。企业-产品层面,相对于同一出口产品市场上的其他企业,一家企业对该产品的出口规模越小、出口时间越短,企业停止出口该产品的可能性越大。这意味着出口企业放弃出口的往往是其不具备竞争力的产品。

本书受山东省社科理论重点研究基地——"对外开放与自贸区建设研究基地"(山东财经大学)资助,同时得到山东财经大学国际经贸学院的支持,在此一并表示感谢!

目　　录

第1章　引言 …………………………………………………… 1

1.1　研究背景和意义 ……………………………………… 3

1.2　研究内容与研究方法 ………………………………… 5

第2章　文献综述 ……………………………………… 11

2.1　多产品出口企业的特征性事实 ……………………… 13

2.2　多产品企业异质性贸易理论进展 …………………… 15

2.3　多产品出口企业的经验研究进展 …………………… 17

2.4　总结与评价 …………………………………………… 22

第3章　我国多产品出口企业的特征性事实 …………… 23

3.1　数据说明 ……………………………………………… 25

3.2　多产品出口企业占据主导地位 ……………………… 27

3.3　多产品出口企业的表现优于单一产品出口企业 …… 30

3.4　多产品出口企业内出口产品分布集中 ……………… 32

3.5　多产品出口企业的出口产品转换行为普遍存在 …… 33

3.6　出口企业的出口产品转换是导致出口产品种类变化的

重要原因 …………………………………………… 41

3.7　本章小结 ……………………………………………… 46

第4章　出口产品转换行为的效应研究 ·················· 49

　　4.1　引言 ··· 51

　　4.2　出口产品转换的贸易增长效应 ······················ 52

　　4.3　出口产品转换与企业生产率 ························· 56

　　4.4　本章小结 ··· 67

第5章　贸易自由化与出口产品转换行为：

　　　　　以中国-东盟自由贸易区为例 ···················· 69

　　5.1　引言 ··· 71

　　5.2　研究设计 ··· 73

　　5.3　数据来源与处理 ··· 76

　　5.4　基准回归结果 ··· 78

　　5.5　稳健性检验 ·· 82

　　5.6　本章小结 ··· 86

第6章　出口持续时间与出口产品转换行为 ············· 87

　　6.1　引言 ··· 89

　　6.2　理论机制——需求学习模型 ························· 90

　　6.3　特征性事实 ··· 94

　　6.4　实证分析 ··· 97

　　6.5　本章小结 ·· 106

第7章　出口产品转换行为动因分析 ····················· 109

　　7.1　引言 ·· 111

　　7.2　基于多产品企业假定的异质性贸易模型 ········· 112

　　7.3　产品层面动因分析 ······································· 114

　　7.4　企业层面和企业-产品层面动因分析 ············· 116

　　7.5　本章小结 ·· 122

第 8 章　研究结论、政策建议与展望 ················· 125

　8.1　主要研究结论 ····························· 127

　8.2　政策建议 ····························· 130

　8.3　研究展望 ····························· 132

附录 1 ····························· 133

附录 2 ····························· 138

参考文献 ····························· 139

第 1 章

引　言

1.1　研究背景和意义

1.1.1　研究背景

　　21 世纪初,国际贸易的研究进入"新新贸易理论"阶段,相应的研究重点由国家和行业层面进入企业层面。自 Melitz(2003)的开创性研究以来,在异质性贸易理论框架下研究国际贸易的问题已经成为国际贸易学科理论和经验研究的前沿领域。早期的研究赖以成立的一个重要前提是假设一个企业只生产一种产品。然而,这种简化的单一产品企业假定在如下方面存在着明显的局限性。

　　首先,单一产品企业假定与国际贸易的现实严重不相符。有研究揭示出一个关于国际贸易的重要事实:出口高度集中于少数规模较大的出口企业。原因不仅在于这些企业在单一贸易关系(某个产品-国家组合)中的出口额显著高于小型出口企业,还在于这些企业出口多种产品到多个目的地市场。大量经验研究表明,多产品出口企业在各国普遍存在,是出口企业的主体形式。

　　其次,单一产品企业假定忽略了企业内的扩展边际,从而严重低估了扩展的贸易边际的规模。一直以来,出口动态研究的主要问题在于企业进入和退出出口市场的行为。在单一产品企业假定下,企业的进入和退出意味着产品的进入和退出,因此扩展的贸易边际主要体现为低生产率企业的收缩和退出以及高生产率企业的扩张和进入出口市场。而在多产品企业框架下,扩展贸易边际的研究由企业间延伸至企业内,出口企业可以在不同产品间进行选择,通过新增或淘汰出口产品(产品转换)的行为,引导资源在企业内各产品间进行重新配置,这是企业调整的一个新的扩展边际,即"企业内扩展边际"。由此可见,单一产品企业假定由于忽略了企业内边际而低估了扩展贸易边际的规模。

再次,单一产品企业假定将集约边际与扩展边际之间的单调关系固化为负相关,这不能解释现实的出口活动中出口产品范围和单位产品出口规模之间正向相关的事实。在单一产品企业框架下,一国贸易增长可以分解为集约边际和扩展边际上的增长,前者的比重上升意味着后者的比重下降,反之亦然,即两种边际之间呈现出单调的负向相关。在多产品企业框架下,贸易自由化引致的资源再配置可以表现为企业内沿着扩展边际和集约边际的调整。例如,当贸易成本下降时,生产率较高的企业可以通过提高每种出口产品的销售额(集约边际)以及出口产品的范围(扩展边际)在出口市场进行扩张,从而两种边际之间可能呈现正向相关。

最后,单一产品企业假定完全掩盖了出口产品范围调整所蕴含的贸易利得。如何对资源进行最优配置一直是经济学研究的核心问题。基于单一产品企业假定的异质性贸易理论强调企业的异质性,认为资源由低效率企业重新配置给高效率企业会提升整个经济的生产率水平。基于多产品企业假定的异质性贸易理论进一步强调产品的异质性,认为出口产品范围的调整通过引导资源在产品间的重新配置对企业、行业乃至整个经济产生显著影响,这种扩展贸易边际上的福利内涵远比单一产品企业假定下更为丰富和复杂。

1.1.2 研究意义

国际金融危机爆发以来,国际市场有效需求普遍不足,大宗商品价格大幅下滑,金融市场频繁震荡,全球经济复苏依然缓慢而艰难。受此影响,全球贸易陷入困境,世界货物贸易增长呈现疲软之态,2016 年全球商品出口额为 15.5 万亿美元,同比下降 3.3%;进口额为 15.8 万亿美元,同比下降 3.2%。政策方面,"逆全球化"思潮沉渣泛起,贸易和投资保护主义加剧,除了直接限制贸易措施以外,货币竞争性贬值和区域贸易集团对非成员的隐形歧视也成为贸易复苏的重要阻碍。受外部环境和内部经济结构调整双重影响,我国外贸发展面临的形势严峻且复杂,不确定、不稳定因素增多。在复杂多变的国际经济和贸易环境下,如何提高我国出口企业应对国际市场风险的能力、保持出口贸易平稳增长已成为亟待解决的重要问题。

基于单一产品企业假定的异质性贸易理论具有明显的局限性,基于此假定分解贸易结构、考察贸易利得都会得出片面甚至完全错误的结论。国内众多学者基于单一产品企业假定的异质性贸易理论,通过对贸易结构的二元边际分解发现:中国的出口增长主要归功于集约的贸易边际,而集约的贸易边际极易受到外部经济冲击的影响、引发增长的大幅波动,同时还可能因为出口数量扩张而导致贸易条件恶化、引发贸易摩擦。随着异质性贸易理论研究的不断深入和扩展以及微观数据可获得性的增强,基于多产品企业假定的异质性贸易理论逐步成为国际贸易研究中的新兴议题。该理论重新诠释了我国出口增长的动力来源,企业内的扩展边际作为出口增长的重要驱动力量被揭示出来,这些研究对于优化出口产品结构、稳定贸易增长、避免贸易冲突与摩擦具有重要的政策启示。

另外,外贸发展的主体仍然是众多微观进出口企业,如何提高这些企业在对外贸易中的活力、增强企业应对外来冲击的能力、促进企业转型升级对于保持贸易平稳健康发展具有重要意义。基于多产品企业假定的异质性贸易理论模型研究提出了企业应对外生冲击的一种新机制——资源重置效应(resource reallocation effect)。具体来说,企业内部的产品调整通过引导资源由低效率产品向高效率产品重新配置而对企业的生产率水平、企业规模(以产出或就业衡量)、工资水平和出口金额等因素产生显著影响。因此,在面临外生冲击时,应当鼓励企业通过调整产品范围和转换核心产品等"进攻性"策略加以应对。

综上所述,针对多产品出口企业及其出口产品动态调整的研究是未来异质企业贸易理论研究的重要方向之一,对于我国进行贸易结构调整具有重要的指导意义。首先,在调整贸易结构时,不能只关注出口企业间的扩展边际,还应重视出口企业内部产品的调整。其次,在制定贸易政策时,应合理地加强出口企业的出口产品转换行为,促进贸易结构升级。企业内的产品转换行为被认为是企业内部"破坏性创造"进程的一部分,在面临市场需求和技术革新等外界条件变化时,应鼓励出口企业积极调整出口范围,转换核心出口产品。

1.2　研究内容与研究方法

1.2.1　研究内容与篇章结构

本书试图在新近发展的基于多产品企业假定的异质性贸易理论框架下,分析出口企业内部出口产品的动态转换行为。首先,对多产品企业异质性贸易理论和实证研究的发展进行回顾和梳理,对研究企业产品范围和产品转换行为的文献进行归纳与评述。其次,利用中国出口企业层面微观数据考察我国多产品出口企业在出口产品范围、出口产品分布、出口产品进入和退出行为及企业表现等方面的特征性事实。再次,对多产品出口企业内部的出口产品转换行为进行研究,这是本书的核心部分。一方面,构建计量模型进行实证分析,研究出口持续时间、贸易自由化及其他企业、产品和企业-产品层面因素对出口产品转换行为的影响;另一方面,通过统计性描述及计量分析揭示出口产品进入和退出行为的宏观贸易增长贡献及对微观企业绩效表现(如生产率水平、企业规模、工资水平)的影响。最后,得到本书的研究结论和政策启示,并指出进一步的研究方向。具体章节安排如下:

第1章引言,简要介绍本书的研究背景与意义、主要研究内容与方法以及研究创新点。

第2章文献综述,对多产品企业异质性贸易理论与实证研究的发展脉络进行梳理与总结。理论方面,根据研究中是否考虑"利润侵蚀效应"(cannibalization effect)将已有研究分为两类,分别对相关文献进行归纳和整理。实证方面,主要从如下三方面对研究文献进行归纳与总结:一是企业出口产品范围的影响因素;二是出口产品转换行为的福利内涵;三是出口产品转换行为的影响因素。在该章最后对既有文献进行简单总结与评价。

第3章刻画了我国多产品出口企业的特征性事实。利用海关进出口数据及工业企业数据与海关进出口数据的合并数据进行研究,主要研究内容如下:① 多产品出口企业的数量及出口金额比重、平均出口产品范围及其动态变化、平均出口目的地范围及其动态变化等;② 多产品出口企业相比单一产品出口企业的各项绩效表现(包括企业规模、雇员人数、雇员工资、企业生产率);③ 出口企业内的出口产品分布情况,考察企业出口是否具备"核心竞争力";④ 出口企业的出口产品转换行为是否普遍存在且频繁发生、不同贸易方式及所有制属性的企业间以及不同制造业行业间出口产品转换行为的差异与比较。

第4章是关于出口产品转换行为的宏观与微观效应研究。首先,将我国的出口贸易额和制造业出口贸易额在企业和产品层面进行分解,研究企业内的出口产品进入和退出行为对贸易增长的贡献。其次,对出口产品进入和退出行为影响企业绩效表现的机制——"资源重置效应"进行分析,并建立出口产品转换行为对企业生产率影响的计量模型,使用2000—2006年制造业出口企业层面微观数据进行深入的实证研究。

第5章是关于贸易自由化对出口产品转换行为影响的研究。该章以2002年中国加入中国-东盟自由贸易区作为准实验背景,运用2000—2006年中国海关数据库中的微观企业数据,使用双重差分法识别贸易自由化对出口产品进入和退出企业行为的影响。

第 6 章是关于出口持续时间对出口产品进入和退出行为的影响分析研究。该章首先使用工业企业数据与海关进出口数据的匹配数据,全面刻画企业内出口产品的进入和退出行为随出口持续时间变化的特征性事实;然后构建需求学习模型(model of demand learning)并提出出口持续时间影响出口产品进入和退出的三个假说,试图从国际市场需求冲击对企业内集约边际和扩展边际的影响方面对出口产品转换行为的变化趋势做出解释;最后构建出口持续时间与出口产品进入率和退出率的计量模型,使用 2000—2006 年制造业出口企业层面微观数据进行深入的实证研究,同时考虑出口企业在贸易方式和所有制方面的差异,以期更加深入地了解我国企业出口产品转换的行为特征。

第 7 章探讨企业进行出口产品转换的动因。该章试图从产品层面、企业层面和企业-产品层面入手探寻企业内出口产品进入和退出的影响因素。产品层面上,主要考察不随企业变化、依产品而不同的影响因素,例如对产品需求或供给的冲击。企业层面上,主要考察不随产品变化、依企业而不同的影响因素,例如企业规模、生产率、工资水平等。企业-产品层面上,企业对特定产品的销售额(或出口额)、销售期(或出口期)及贸易成本等因素都会影响企业的产品转换决策。

第 8 章是结论与研究展望。该章对整个研究进行总结与归纳,阐述本书的主要研究结论,提出相应的政策建议,并对下一步的研究方向进行展望。

1.2.2　研究方法

本书在基于多产品企业假定的异质性贸易理论框架下,试图全面系统地研究我国出口企业的出口产品转换行为。为了使研究结果更具可靠性,本书综合使用了多种研究方法,归纳如下:

(1) 规范分析与实证分析

通过逻辑推演,对出口产品转换行为影响企业绩效的作用机制进行规范分析(第 4 章);通过构建数理模型,对出口持续时间(第 6 章)及其他因素(第 7 章)影响企业出口产品进入和退出行为的作用机制进行规范分析,并提出相应的理论假说;在理论分析的基础上,使用 2000—2006 年中国工业企业数据和海关进出口数据进行实证分析。

(2) 定性分析与定量分析

定性分析方面:通过对典型事实的描述来考察我国多产品出口企业的特征及出口产品转换行为的特点(第 3 章);通过二维折线图描绘了出口产品进入率

和退出率随出口持续时间的变化趋势(第6章);通过二维散点图初步分析了产品新增率与淘汰率的相关关系,证实了出口产品层面的冲击确实会引起企业内资源由"冷门"出口产品向"热门"出口产品的重新配置(第7章)。

定量分析方面:通过将我国的出口贸易额和制造业出口贸易额在企业和产品层面进行细致分解,揭示了企业内扩展边际对贸易增长的贡献(第4章);通过建立计量模型进行回归分析,考察了出口转换行为对企业全要素生产率的影响(第4章),分析了出口持续时间和贸易自由化对出口产品转换的影响(第5、6章),并进一步从企业、产品、企业-产品层面研究了企业进行出口产品转换的动因(第7章)。

(3)分组对比分析法

为了更为全面地考察我国出口企业的出口产品转换行为,本书进一步对样本进行分组估计,并在此基础上进行了比较分析。首先,在我国,加工贸易企业与一般贸易企业有着完全不同的表现,如果不对两者加以区分将导致对中国出口企业表现的认识出现偏差(戴觅等,2014)。因此,本研究根据贸易方式将样本区分为一般贸易企业、加工贸易企业和混合企业。其次,根据所有权属性将样本区分为本土企业和外资企业。通过对比不同类型企业出口产品转换行为的差异,丰富了本研究的内涵。

(4)多种计量方法的运用

本书在计量分析中使用最多的是面板数据的固定效应模型,通过剔除不可观测的个体差异的影响解决遗漏变量偏差。为了解决模型的内生性问题,使用工具变量进行两阶段最小二乘估计(2SLS)。在研究贸易自由化对出口产品转换行为的影响时,使用了双重差分法,以避免政策内生性问题。在考察企业层面和企业-产品层面出口产品转换行为的动因时,使用了Logit模型进行估计。

1.2.3 研究创新点

本研究是对我国多产品出口企业出口行为模式研究的扩展与补充,与现有文献相比,本书的创新之处主要体现在如下方面:

(1)从动态角度全面考察了我国企业的出口产品转换行为

首先,通过对特征性事实的刻画,证实了企业层面产品转换行为的普遍性和产品层面转换行为的频繁性;其次,从宏观贸易层面和微观企业层面研究了出口产品转换行为的效应;最后,考察了贸易自由化、出口产品持续时间和市场冲击、技术革新等因素对出口产品转换行为的影响。

（2）衡量企业内扩展边际的方法不同

现有文献主要从静态角度将企业出口产品种类的数量作为企业内扩展边际，本书则从动态角度将企业的出口产品转换作为企业内的扩展边际。例如，钱学锋等（2013）将平均的企业出口产品范围视作企业内的扩展边际，利用普通最小二乘回归分析（OLS）得出了中国出口贸易变动对企业平均出口产品范围调整的弹性为0.44的结论。笔者认为，以出口产品范围衡量企业内扩展边际的做法忽略了动态产品转换通过引导资源在产品间重新配置而产生的影响。

（3）在数据处理方面，尝试剔除出口税目的调整对出口产品转换的影响

中国海关总署每年都会对某些出口产品的HS-8位编码进行调整，在研究出口产品转换问题时，如果不将HS编码的调整与出口产品的转换进行区分，将造成对出口产品转换行为的高估。本书根据海关总署颁布的"进出口税则税目调整表"生成了"HS-8位编码转化表"，对这一问题进行处理。

第 2 章

文献综述

针对多产品企业的系统研究起源于产业组织领域,最初的研究主要关注供给方面,强调范围经济是多产品企业得以存在和发展的主要动因。国际贸易领域中较早涉及多产品企业的文献是赫尔普曼(Helpman)于1985年发表的论文,该文章从理论上考察了跨国公司如何扩展生产线,主要强调了范围不经济对企业扩张新生产线的限制作用。然而,直至"新新贸易理论"得以长足发展后,国际贸易学者才开始建立真正意义上的多产品企业理论。在这一部分,笔者将总结关于多产品出口企业的特征性事实,并对多产品企业异质性贸易理论进展和经验研究进行归纳和梳理。

2.1 多产品出口企业的特征性事实

首先,多产品出口企业在各国普遍存在,是出口企业的主体形式。就发达国家而言,Bernard 等(2007)对 2000 年美国出口企业的研究表明,57.8%的出口企业是多产品企业,其出口额占比高达 99.6%。其中,出口 5 种以上产品(HS-10 位编码)至 5 个以上目的地的出口企业仅占全部出口企业的 12%,但其出口额却占出口总额的 92%。Adalet(2009)对新西兰出口企业的研究发现,多产品出口企业数量占比为 72%,出口额占比高达 99%以上,企业平均出口 22 种产品(HS-10 位编码)。发展中国家的情况基本相同。Navarro(2012)对 1996—2003 年智利制造业企业的研究发现,多产品出口企业在全部出口企业中的占比为 57%,出口额占出口总额的 58%。钱学峰等(2013)利用 2000—2005 年中国企业的数据研究发现,中国多产品出口企业的数量占全部出口企业的比例平均为 75%,其出口额占出口总额的均值在 95%以上。

其次,与单一产品企业相比,多产品企业往往规模更大(以产出和就业衡量）、生产效率更高、支付的工资更高、出口的可能性更高。理论研究对此的解释为：能力更高的企业往往"自我选择"成为多产品企业。大量针对多产品出口企业的实证研究也证实了上述结论。Adalet（2009）对 2005 年新西兰出口企业的研究中，将代表一系列企业特征的变量作为因变量对代表"多产品出口企业"的虚拟变量做回归，同时控制产业固定效应，结果表明：在同一产业内，多产品出口企业比单一产品出口企业具有更高的销售额、就业水平、工资水平、工业增加值、生产率水平和出口额。Moxnes 等（2010）发现，与单一产品出口企业相比，挪威的多产品出口企业规模几乎扩大一倍，全要素生产率高出 16 个百分点。

再次，多产品出口企业的出口产品分布集中。为了研究多产品出口企业内出口产品的分布情况，Navarro（2012）和 Adalet（2009）使用相同的方法分别对智利 1996—2000 年和新西兰 1996—2005 年出口企业的数据进行了统计分析。他们以出口 1～10 种产品的企业为研究对象，将企业出口的产品按出口额的大小排序，分别计算每种出口产品在企业内的出口额占比，并在企业间进行平均。研究结果表明，多产品出口企业的出口额向核心出口产品集中。以智利为例，出口两种产品的企业中，出口额排名第一的产品出口额占比为 81%，随着企业出口产品范围的扩大，这一比例将会逐渐下降。对于出口 10 种产品的企业而言，排名第一的出口产品的出口额占比下降至 42%，排名前三的出口产品的出口额占全部 10 种产品出口总额的 73%。以上结果表明，多产品企业在出口方面同样具备核心竞争力，集中出口其优势产品。

最后，多产品出口企业内的出口产品转换行为普遍且频繁。Bernard 等（2010）对 1987—1997 年美国制造业企业的研究表明，持续出口的企业中，62% 的企业每 5 年改变标准产业分类法（SIC）5 位产品组合，其中 14% 的企业至少增加一种产品，18% 的企业至少减少一种产品，31% 的企业同时增加和减少至少一种产品。Iacovone 等（2010）基于 1994—2003 年墨西哥月度产业调查数据研究发现，全部 5 493 家企业中，每年大约有 250～700 家企业新增出口产品，250～400 家企业淘汰出口产品，有 30～90 家企业同时新增和淘汰出口产品，其中纺织业、服装业和木质产品行业的产品转换最为活跃。Adalet（2009）基于新西兰的出口数据研究发现，94% 的持续出口企业进行了产品转换，其中 5% 的企业至少增加一种产品，10% 的企业至少减少一种产品，79% 的企业同时增加和减少产品。Masso 等（2012）对爱沙尼亚、De Nardis 等（2009）对意大利的研究也都证实了出口企业内部的产品转换行为频繁发生。

2.2 多产品企业异质性贸易理论进展

基于多产品企业假定的企业异质性贸易理论研究主要在垄断竞争框架或寡头垄断框架下,遵循企业具有核心竞争力的特征事实,将产品和企业的异质性纳入理论模型(陈勇兵、李冬阳,2015)。多产品企业内的不同产品间存在需求关联效应,新生产或出口的产品对既有产品种类需求规模的影响机制被称为"利润侵蚀效应"(profit cannibalization effect)。在这一部分,笔者将从是否存在利润侵蚀效应入手,对现有的理论研究进行归纳和整理。

2.2.1 假设存在利润侵蚀效应

Feenstra 等(2007)在垄断竞争框架下研究了贸易开放对企业生产范围的影响。他们假定企业的成本加成内生,企业内生地选择自身的最优生产范围,利润侵蚀效应主要来自企业间的战略竞争。其模型主要关注利润侵蚀效应的影响,一方面企业可通过引入新的产品种类增加收益;另一方面由于利润侵蚀效应的存在,企业也可能遭受损失,企业需权衡生产范围扩张的得失利弊以确定最优生产范围。该研究认为,当企业具有异质生产成本时,生产范围和其所占市场份额之间存在倒 U 形关系,即市场份额占有量居中的企业具有最大的生产范围;贸易开放虽会引致更多的企业进入出口市场,但国际贸易活动可通过扩大企业所服务的市场规模而降低利润侵蚀效应的负面影响,最终会导致企业扩大自身的最优生产范围。

Eckel 等(2010)在寡头竞争模型框架下建立了弹性制造(flexible manufacturing)模型,研究全球化如何影响多产品企业的产品范围。模型通过假设每个企业是"大企业"来衡量利润侵蚀效应。多产品企业内产品间的相互联系体现在需求和供给两方面:需求方面,产品之间存在利润侵蚀效应;供给方面,企业采取弹性生产技术,即假设企业拥有核心竞争力,在此之外生产的产品将面临边际成本递增。弹性生产允许企业扩展产品的边际,但这种扩展以规模不经济为代价,同时导致产品间成本的异质性。产品间的上述两种联系是企业调整产品范围的内在驱动力量。全球化通过两个渠道影响企业:一是市场规模效应(企业面对更大的市场),二是竞争效应(企业面临更激烈的竞争)。研究结果表明:市场规模效应对企业内的产品范围没有影响,而竞争效应会促使企业缩小产品范围。最终,贸易自由化带来的竞争加剧会促使多产品企业缩减产品范围,放弃边缘产品而集中生产核心产品。这种"少而精"的产品组合虽提高了企业的生产效率,但同时也导致企业丧失产品的多样性。

2.2.2 假设不存在利润侵蚀效应

Bernard 等(2011)在垄断竞争框架下构建了一个多产品、多目的地的一般均衡模型,研究企业的异质性如何内生决定企业生产和出口的产品范围。模型通过嵌套的 CES 效用函数排除了利润侵蚀效应的影响。企业的异质性体现为企业能力(firm ability)和产品属性(product attributes)不同。前者由企业的生产效率衡量,反映了企业间的异质性;后者由特定目的地的消费者对特定产品的偏好衡量,反映了企业内的异质性。生产效率高的企业盈利能力强,可以支付更多产品生产所需的固定成本,从而生产并出口更多产品到国外市场;生产效率较低的企业只有少部分产品盈利,赚取的利润不足以支付出口到国外市场的固定成本,因此只供应国内市场;生产率最低的企业退出市场。对于出口企业而言,产品属性最低的产品只供应国内市场,产品属性最高的产品出口到更多的国外市场。研究指出,贸易自由化促使企业供应国内市场的产品范围减小,同时促使盈利能力强的企业在出口市场新增产品种类,因此贸易自由化对于产品范围的净影响取决于两种力量的对比。

Baldwin 等(2009)从理论上考察了市场规模扩大和贸易自由化对企业规模、产品生命周期和产品多样化的影响。其研究主要从需求方面强调贸易自由化引致的促进竞争效应对企业的生产和出口行为所产生的影响。同 Melitz(2003)类似,Baldwin 等(2009)假定企业的生产率服从帕累托分布,国内生产活动以及出口活动都存在相应的零利润生产率门槛。各类产品是同质的,企业的生产活动同时存在规模经济和范围经济。此外,模型还假定同一企业内不同产品的规模经济效应是同质的,贸易伙伴国之间是对称的。该理论认为:贸易成本下降会引致企业缩减生产范围,但相对而言,大规模企业比小规模企业、出口企业比非出口企业的缩减幅度要小;针对出口企业而言,贸易成本下降对企业产品多样化指数的影响方向是不确定的,一方面会引致企业在国内市场缩减产品销售范围,另一方面会引致企业扩张出口产品范围。

Mayer 等(2014)将多产品企业引入梅利茨(Melitz)和奥塔维尔塔(Ottavi-ano)的可变加成率异质性企业一般均衡模型,研究了出口目的地市场竞争程度如何影响多产品企业的出口决策。首先,更激烈的市场竞争将导致企业出口向具有核心竞争力的产品集中。出口目的地不同的市场环境(市场规模和地理因素)决定了其市场竞争程度不同,激烈的市场竞争会降低产品的加成率,因此企业在出口到此类市场时会选择其市场表现优异的优势产品。其次,市场竞争可以通过集约边际影响企业的生产效率。诸多理论研究指出,市场竞争会通过扩展边际影响企业的生产效率:市场竞争加剧会促使企业缩减产品范围并将资源向优势产品转移。Mayer 等(2004)在此基础上指出了市场竞争影响企业生产效率的另一途径:即使企业的产品范围不变,当面临更加激烈的竞争时,企业也会将现有生产向其核心产品集中,将资源重新配置给优势产品,从而提高企业的生产效率。

Arkolakis 等(2010)在垄断竞争框架下建立了一般均衡模型来研究巴西多产品出口企业。模型中引入市场准入成本(market access cost)以反映进口国非关税措施的影响。该成本会影响两个扩展边际:企业是否选择进入市场以及是否选择在该市场新增产品。模型中,多产品企业面临两种与产品范围相关的成本:一种是生产成本,企业生产其核心竞争力之外的产品将面临单位成本递增;另一种是市场准入成本,因存在市场准入成本在出口产品间的分摊机制,企业在出口市场新增产品种类会降低准入成本,即存在潜在的规模经济。其中,准入成本对新增产品的弹性依市场而不同:目标市场距离越近,准入成本随新增产品的下降速度越快。模型成功解释了关于巴西出口贸易的一个重要事实:出口企业内,产品的平均出口额(集约边际)与出口产品范围(扩展边际)正向相关,且该正相关关系依出口目的地而不同,目标市场越远,正相关关系越强。如前所述,企业新增出口产品到距离较远的市场时,该市场的准入成本下降不明显,此时企业只能选择新增销售额较高的优势产品。因此,产品范围的扩大必然伴随着平均出口额的增加。

2.3　多产品出口企业的经验研究进展

2.3.1　多产品出口企业的出口产品范围研究

大量国内外文献采用不同国家数据、从不同角度入手,研究了企业生产率、贸易自由化、可变贸易成本等因素对多产品出口企业出口产品范围的影响。

(1)企业生产率

Bernard 等(2011)通过理论模型预测了企业生产率与出口广度的正相关关

系。生产率高的企业会在现有出口市场拓展新的产品种类,现有产品会拓展新的出口市场,现有出口产品在现有出口市场会有更大的出口额。Bernard 等(2011)对美国企业的研究和 Bernard 等(2014)对比利时企业的实证研究均表明,企业生产率与出口广度具有显著的正相关关系。

彭国华等(2013)运用 2002—2006 年中国微观企业数据,借鉴 Bernard 等(2014)的分解方法研究了中国出口企业的二元边际与企业生产率之间的关系。与 Bernard 等(2014)未加权二元边际不同,考虑到世界上不同国家的规模大小、经济发展程度等存在巨大差异,出口到一个落后小国与出口到欧美等发达国家所反映出的企业生产率状况和出口二元边际内涵亦有很大差异,彭国华等(2013)采用了以出口目的地生产总值占全部国家生产总值比重为权重的加权二元边际。研究结果表明:与发达国家类似,企业生产率水平与出口的平均广度和深度均显著正相关,即生产率水平越高,企业会出口越多的产品到越广的出口市场,现有产品到现有目的地的出口额会越大。研究同时发现,企业出口额随生产率水平增加的 51% 来自出口深度的增加,49% 来自出口广度的提高,表明加权广度的贡献与加权深度的贡献基本相当。

(2)贸易自由化

一国开放贸易会影响企业的出口产品范围和偏度。一方面,贸易自由化可以通过促进竞争效应刺激企业缩减出口产品范围,集中出口核心产品;另一方面,贸易自由化可以通过扩大企业出口的市场规模、降低产品的固定进入成本等机制扩大企业的出口产品范围。

Iacovone 等(2010)基于 1994—2003 年墨西哥企业-产品层面的出口数据,以美国对墨西哥的进口关税、美国的最惠国关税和墨西哥对北美自由贸易区成员国的中间品进口关税的变动,表征贸易自由化。研究发现,美国单边降低对墨西哥的进口关税会促进墨西哥企业扩张出口产品范围,并且这一促进作用对持续出口企业的影响更加显著。

Baldwin 等(2009)、Bernard 等(2011)、Iacovone 等(2008)分别研究发现:加拿大、美国和墨西哥的企业在贸易自由化的过程中均缩小了出口产品范围。Baldwin 等(2009)运用加拿大工厂层面的出口数据,研究贸易自由化对企业出口产品范围的影响。结果发现,1989 年签订的自由贸易协定(FTA)和 1992 年签订的北美自由贸易协定(NAFTA)引致的市场竞争加剧会使企业的出口活动趋于理性,加拿大的出口企业普遍缩减了出口产品的范围。Bernard 等(2011)运用美国的出口数据,以加美自由贸易协定(CUSFTA)的签订作为自然实验背景,研究了贸易自由化对企业出口模式的影响。结果显示,加拿大削减进口关税显著提高了企业生产和出口的集中度,企业放弃了生产边缘产品,集中生产和出口优势产品。Iacovone 等(2008)研究了墨西哥企业对美国的出口集中度。结果表明:加入 NAFTA 后,墨西哥企业更加集中地对美国出口其表现较好(高市场份额)的产品。国内方面,钱学锋等(2013)在 Chaney(2008)引力模型的基础上构建了出口产品范围的引力模型,以中国加入世界贸易组织(WTO)表征贸易自由化。研究结果表明,贸易自由化致使中国企业缩减了自身的出口产品范围。

（3）可变贸易成本

一国的贸易增长可以分解为集约的边际和扩展的边际。Bernard 等(2011)进一步将贸易的边际细分为四种:企业内产品的扩展边际、企业内国家的扩展边际、企业间的扩展边际和"平均企业—产品—国家出口额"的集约边际。通过对 2002 年美国制造业出口数据进行回归分析发现,贸易成本主要通过扩展边际影响出口。当可变贸易成本降低时,出口企业数量、出口目的地数量和出口产品种类均增加,而对"平均企业—产品—国家出口额"的集约边际的影响不确定。

Qiu 等(2013)使用 2000—2006 年中国出口企业-产品层面的数据研究发现,中国单边削减进口关税会导致中国的出口企业缩减出口产品范围,而目的地单边削减对中国的进口关税则会使管理成本较低的企业扩张出口产品范围,同时具有较高管理成本的企业则会缩减出口产品范围。

（4）其他因素

在 Rauch 等(2003)的理论模型中,企业在寻找贸易伙伴时面临搜索成本和信息不对称,发达国家的进口企业从发展中国家进口产品时,往往先从少量试订货开始,在确认了出口企业的信用和产品质量之后再大量进口。这种理论预测得到了实证研究的支持。Iacovone 等(2010)利用墨西哥的数据研究了不确定性、信息不对称和搜索成本对于企业出口模式的影响。结果发现:① 新进入出口市场的企业往往出口较少种类及较少数量的产品。② 新的出口企业往往选择出口其已在国内市场销售的产品,以降低首次进入国外市场的风险。一旦出口产品在国外销售遇阻,这些企业便可将产品转回国内市场销售以减少损失。数据显示,79％的墨西哥企业出口的新产品是其之前 3 年内在国内市场销售过的产品。③ 新出口产品的存活时间较短,只有大约三分之二的新出口产品可以存活超过 1 年。

2.3.2　多产品出口企业的出口产品转换研究

（1）出口产品转换行为的福利内涵

大量经验研究表明,出口企业内的产品转换行为普遍且频繁,这种企业增加或减少出口产品的行为背后隐含着丰富的福利内涵,相关经验研究主要考察了出口产品转换行为的贸易增长贡献及其对企业规模、生产率水平、工资水平等企业特征因素的影响。

出口产品的转换行为会引致资源在出口企业内进行重新配置,这种重新配置是出口增长的重要驱动力量。为了衡量出口产品转换行为的贸易增长贡献,Adalet(2009)将1997—2007年新西兰的出口增长分别在出口企业层面和出口产品层面进行分解。具体来说,$t-1$期到t期的出口金额变化可以分解为如下六项:新进入出口市场的企业导致的出口金额增加、退出出口市场的企业导致的出口金额减少、持续出口企业新增出口产品导致的出口金额增加、持续出口企业淘汰出口产品导致的出口金额减少、持续出口产品的出口金额增加、持续出口产品的出口金额减少。其中,前两项是企业间扩展边际上的出口变化,中间两项是企业内扩展边际上的出口变化,最后两项为企业内集约边际上的出口变化。研究结果表明,新西兰的出口增长主要由企业内的集约边际所贡献。Masso等(2012)对爱沙尼亚出口企业的研究得出了相同的结论。

基于多产品企业假定的异质性贸易理论揭示了出口影响企业绩效表现的一种新机制——产品范围再优化机制。De Nardis等(2009)针对意大利的研究发现,出口产品转换行为对企业绩效指标的影响随转换行为的不同而有所差异。出口企业淘汰以及同时新增和淘汰出口产品的行为对企业生产率水平和产出水平均有显著的正向影响,而企业新增出口产品的行为对企业特征并无显著影响。Masso等(2012)考察了爱沙尼亚的出口产品转换行为,结果发现新增以及同时新增和淘汰出口产品会显著提升企业未来一期的生产率水平,而淘汰出口产品则会显著降低企业未来一期的生产率水平。通过引入出口产品范围的交互项,他们进一步探讨了范围经济的影响。其结果表明:对于出口产品范围较小的企业,淘汰出口产品会降低未来一期企业的生产率水平;对于出口产品范围较大的企业,淘汰出口产品会提升企业未来一期的生产率水平。Álvarez等(2014)研究发现,智利企业的出口产品转换行为对企业绩效的影响取决于企业的规模。具体而言,出口产品转换行为对大企业的影响主要体现为促进了企业规模的扩张,而对中小企业的影响主要体现为提升了企业的全要素生产率。

(2)贸易自由化对出口产品转换行为的影响

贸易自由化对出口活动的影响不容小觑。Amiti等(2007)、毛其淋(2013)都在研究中指出,贸易自由化是影响一个国家出口企业行为的重要因素,其中就包括出口产品的转换行为。贸易自由化对出口产品的转换行为究竟有怎样的影响,答案是不确定的。一方面,贸易自由化使出口企业有机会学习国外先进的生产工艺和管理经验(学习效应),有利于提升企业的生产效率和市场竞争力,增强企业打破原有产品格局、重新配置资源的能力,从而促进企业的产品转换行为。

Iacovone 等(2010)利用散点图揭示了贸易自由化对出口产品转换行为的影响。研究结果表明,美国对墨西哥进口产品的关税下降,促使墨西哥企业在美国市场新增更多出口产品种类。亢梅玲等(2016)研究发现,中国加入 WTO 后中间投入品的关税大幅下降,企业可以以更低的成本获得更高质量、更加多样化的中间投入品,这种"成本效应"显著促进了企业淘汰以及同时新增和淘汰出口产品的行为。

另一方面,贸易自由化也可能对出口产品转换行为产生抑制作用。国内外理论和经验研究的结果普遍表明,关税水平的下降和市场竞争程度的加剧(竞争效应)会显著提高企业出口的集中程度。Bernard 等(2011)以加美自由贸易协定作为自然实验,使用双重差分法研究发现,关税下降会促使企业集中资源生产最为"成功"的核心产品。Mayer 等(2014)研究发现,贸易开放会促使企业提高市场获利能力强的核心出口产品在企业总出口中的比重,即多产品企业在内部资源配置上存在"倾斜效应"(skewness-effect)。钱学锋等(2013)、汪颖博等(2017)、亢梅玲等(2017)对中国多产品企业出口行为的研究得出了相似的结论。企业出口放弃"大而全"转为"少而精",意味着企业将资源向优势出口产品集中,这势必会抑制新的出口产品种类进入市场。同时,亢梅玲等(2016)也指出,贸易自由化带来的"学习效应"有助于企业改进原有产品的生产技术,提高原有产品的存活率和市场适应能力,因此减少了出口产品退出企业的行为。

（3）出口持续时间与出口产品转换行为

对于企业出口持续时间及其影响因素,国内外学者进行了丰富而卓有成效的研究。结果表明,企业在出口市场频繁地进入或退出,导致企业或产品在国际市场上的持续生存时间普遍较短(Besedeš,2006a;Nitsch,2009;Hess et al.,2011),中国企业的出口持续时间均值仅为 1.6 年,而中位值为 3 年(陈勇兵、李燕等,2012)。

在 Rauch 等(2003)的理论模型中,企业在寻找贸易伙伴时面临搜索成本和信息不对称,在对贸易伙伴的信用和产品质量缺乏信任的情况下,发达国家的进口企业在从发展中国家进口产品时往往先从少量试订货开始。该理论得到了实证研究的支持:Iacovone 等(2010)利用墨西哥的贸易数据研究发现,新进入出口市场的企业往往出口较少种类及较少数量的产品,且仅有约三分之二的新产品可以存活超过 1 年。另外,新进入出口市场的企业缺乏对目的地消费者需求的了解,当遭受需求冲击时往往做出比较"激烈"的反应,如通过大幅调整出口产品种类以适应市场。随着出口持续时间的增加,企业掌握了更多国外市场信息,积累了丰富的出口经验,面临市场冲击时可以采取更加"稳健"的产品策略。因此,出口的持续性将提高出口产品的稳定性(Timoshenko,2015)。

（4）出口产品转换行为的影响因素

多数研究文献主要从产品特征、企业特征和企业-产品特征入手考察企业进行产品转换的动因。产品特征主要是指不随企业变化、依产品而不同的影响因素，例如对产品需求或供给的冲击。Bernard 等（2010）定义了"产品新增率"和"产品淘汰率"，指出产品层面的冲击引起的企业内产品组合的调整意味着产品增加率和淘汰率之间负向相关。然而，他们的研究表明，美国制造业产品的新增率和淘汰率之间呈现正向相关关系，这说明产品特征并不能很好地解释美国企业的产品更替行为。

企业特征主要是指生产效率、企业（出口）规模、经营（出口）时间和企业面临的竞争程度等。关于企业因素对产品转换的影响，不同的研究得出了不同的结论。一些研究表明，（出口）规模越大、成立（出口）时间越长、生产（出口）产品种类越多的企业，越有可能淘汰（出口）产品（Navarro，2012；De Nardis et al.，2009），原因可能在于规模大的企业往往拥有更丰富的资源和经验来调整产品。另一些研究得出了相反的结论，认为（出口）规模较小、成立（出口）时间较短的企业更倾向于淘汰产品（Iacovone 等，2010；Adalet，2009），因为规模小的企业应对市场波动与风险的能力较差，因此在面临外生冲击时，更有可能通过调整产品来加以应对。

企业-产品特征是指企业对某种产品的销售（或出口）额、销售（或出口）持续期和贸易成本等因素。Bernard 等（2010）对美国企业的研究发现，相对于同一产品市场上的其他企业，一家企业生产该产品的数量越多、时间越长，则放弃该产品生产的可能性越小。Adalet（2009）对新西兰出口企业的研究以及 De Nardis 等（2009）对意大利出口企业的研究得出了相同的结论。

2.4 总结与评价

对于多产品企业异质性贸易理论框架的拓展和经验研究的补充，是未来国际贸易研究的重要领域。国内研究多产品出口企业的文献集中于运用国外已有理论框架对中国数据进行经验研究，在模型理论方面的突破有限。此外，国内研究企业内动态产品转换及其原因的文献几乎没有。在特定的经济和制度背景下，国内的多产品出口企业想必会展现出与其他国家不同的特征，因此有必要加紧对此领域的研究进程。

第 3 章
我国多产品出口企业的
特征性事实

3.1 数据说明

本章使用微观企业数据考察我国多产品出口企业的特征性事实,使用的数据主要来自 2000—2006 年的中国海关数据库中的进出口统计数据和 2000—2006 年的中国工业企业数据库。

3.1.1 海关进出口统计数据

本章使用的出口产品数据来自中国海关数据库,它是由中国海关总署按月统计产生的,详细记录了每家出口企业出口 HS-8 位编码产品的具体信息,包括每笔交易的出口价值、出口数量、数量单位、单位价值、出口目的地、贸易方式、出口海关、运输方式、中转地等。同时,该数据库也记录了出口企业的部分基本信息,包括企业中文名称、企业代码、企业所有权属性(国有、私营、外资等)、地址、电话、邮政编码、企业负责人等。为了避免季节性因素,本章将月度数据加总为年度数据。表 3-1 描述了 2000—2006 年中国海关数据库中的基本出口信息。

表 3-1 海关出口数据描述(2000—2006 年) 单位:个

年份	出口观测值数量	出口企业数量	出口产品(HS-8)数量	出口目的地数量
2000	5 199 738	62 746	6 715	222
2001	5 911 807	68 487	6 722	225
2002	7 369 722	78 612	6 892	227

表3-1(续)

年份	出口观测值数量	出口企业数量	出口产品(HS-8)数量	出口目的地数量
2003	9 241 319	95 688	7 013	229
2004	11 265 249	120 590	7 017	229
2005	13 727 212	144 030	7 129	234
2006	16 174 046	171 205	7 171	231
合计	68 889 093	243 515	8 069	238

数据来源:中国海关数据库。

3.1.2 中国工业企业数据库

本章使用的企业数据来自 2000—2006 年的中国工业企业数据库,它是由国家统计局主要针对制造业企业收集和整理的年度数据库,包含了全部国有企业和年销售额 500 万元以上非国有制造业企业的详细统计指标,例如企业基本信息(地址、所有权属性、行业类别等)、从事生产活动、主要财务指标等,部分出口企业还记录了其出口交货值。平均来看,该数据库涵盖了约 95% 的工业总产值及 98% 的工业出口值。

参考 Feenstra 等(2014)和聂辉华等(2012)的方法,笔者对工业企业数据进行初步清理。首先,删除缺失值,即删除缺失总资产、固定资产净值、工业总产出、工业销售额、全部职工人数等关键指标的观测值。其次,删除异常值,包括:① 企业全部职工人数小于 8 人的观测值;② 实收资本小于零的观测值。最后,删除不符合会计准则的观测值,包括:① 流动资产总值>总资产;② 固定资产总值>总资产;③ 固定资产净值>总资产;④ 累计折旧<当年折旧。

3.1.3 合并数据

本章在数据处理方面面临的一项挑战是将中国工业企业数据库与中国海关数据库进行匹配,找到两个数据库中同时存在的企业,因为虽然每个数据库中的企业都存在与之唯一对应的识别代码,但两个数据库对企业的编码方式完全不同。中国海关数据库中的企业代码为 10 位,而中国工业企业数据库中的企业代码为 9 位,且两者之间没有任何的共性与联系,这使得无法直接使用企业代码对两个数据库中的企业进行匹配。

为了解决这一问题,本章借鉴国内外学者的相关研究方法(Yu,2015;Ge等,2015),采用如下两个步骤对数据库中的企业进行匹配。首先,使用企业中文名称进行匹配。在某一特定年份中,若一家企业在两个数据库中具有完全相同的中文名称,则可以认定它们为同一企业。考虑到有些企业会在不同年份变更企业名称,同时对企业名称进行了跨期匹配,从而能够将更多的企业视为同一家企业,进而提高了匹配的准确性。其次,使用企业的电话和邮政编码进行匹配。为了确保合并后的样本中能够包含尽可能多的企业信息,将两次匹配的结果进行合并,即使用上述两种方法中的任何一种匹配成功的企业均视为同一企业。匹配结果如表 3-2 所示。

表 3-2　工业企业与海关企业的数据匹配结果(2000—2006 年)　单位:个

年份	企业名称匹配成功的数量	企业电话、邮编配成功的数量	总计
2000	18 978	2 668	21 646
2001	22 585	2 367	24 952
2002	26 505	2 232	28 737
2003	30 869	1 875	32 744
2004	49 017	2 162	51 179
2005	49 219	2 182	51 401
2006	54 134	1 663	55 797

注:单元格中的数值为匹配成功的企业数量。

综上,本章以微观出口企业作为研究样本,以 HS-8 位编码定义出口产品,定义单一产品出口企业为仅出口一种产品的企业,定义多产品出口企业为出口两种或两种以上产品的企业,研究我国多产品出口企业不同于单一产品出口企业的特征性事实。

3.2　多产品出口企业占据主导地位

如表 3-3 所示,与单一产品出口企业相比,多产品出口企业无论在数量上还是在出口规模上均占据主导地位。平均来看,2000—2006 年,我国出口企业中

74.69％的企业是多产品企业,其出口金额占全部出口金额的94.65％,该结果
与钱学锋等(2013)对中国2000—2005年的计算结果基本一致。同时,我国多产
品出口企业在全部出口企业中的数量和出口金额比重均呈现逐年上升趋势,其
中多产品出口企业的数量占比由2000年的72.86％增加至2006年的77.33％,
出口金额占比由2000年的93.95％提高至2006年的95.05％。

表 3-3 我国多产品出口企业数量与出口金额占比(2000—2006年)

	数量占比	出口金额占比
2000	72.86％	93.95％
2001	73.39％	94.23％
2002	74.21％	94.60％
2003	74.21％	94.75％
2004	74.80％	94.75％
2005	76.05％	95.18％
2006	77.33％	95.05％
平均	74.69％	94.65％

数据来源:中国海关数据库。

　　事实上,多产品出口企业普遍存在,是出口企业的主体形式,这一结论得到
了大多数国家经验研究的支持。Bernard等(2007)对2000年美国出口企业的
研究表明,57.8％的出口企业是多产品企业,其出口金额占比高达99.6％。
Adalet(2009)对新西兰出口企业的研究发现,多产品出口企业数量占比为
72％,出口金额占比高达99％以上。Bernard等(2014)利用2005年比利时出口
企业数据研究发现,65％的企业出口不止一种产品,这些企业的出口金额占出口
总金额的98％。

　　出口高度集中于多产品出口企业,原因不仅在于这些企业出口的产品种类
丰富,还在于这些企业出口多种产品到多个目的地市场。2006年,中国海关数
据库中的出口企业共171 205家,按照企业出口产品种类的数量和出口目的地
数量分别将企业分为9组。表3-4和表3-5分别描述了不同组别的出口企业分
布情况和出口金额分布情况。

　　从出口产品数量来看(横向),22.67％的企业出口一种产品,这些企业的出
口金额仅占出口总金额的4.96％;出口30种以上产品的企业数量占比为

10.81%，其出口金额占比高达 41.91%。

从出口目的地数量来看（纵向），27.53% 的企业仅出口到一个目的地市场，这些企业的出口金额占比为 4.86%；出口至 30 个以上目的地的企业占出口企业总数的 5.43%，其出口金额占比达到 40.76%。

总体来看，出口一种产品至一个目的地市场的企业占出口企业总数的 13.6%，而出口金额占比仅 1.16%；出口 30 种以上产品至 30 个以上目的地的企业仅占出口企业总数的 3.01%，其出口金额占比却高达 29.83%。

上述结果表明，在我国出口市场中占据主导地位的是少数"明星"出口企业，这些企业不仅出口产品种类多，出口目的地范围也很广。事实上，使用 2006 年的出口企业数据，计算得到企业出口产品种类的数量和出口目的地数量之间的相关系数为 0.58，且在 1% 的显著性水平上显著。

表 3-4　出口企业分布（2006 年）

出口产品种类的数量/个	出口目的地数量/个								
	1	2	3	4	5	6~10	11~20	21~30	>30	总计
1	13.60	3.43	1.49	0.93	0.66	1.44	0.80	0.21	0.10	22.67
2	4.80	3.31	1.53	0.98	0.69	1.70	1.01	0.29	0.15	14.45
3	2.33	1.84	1.27	0.81	0.60	1.57	0.97	0.29	0.17	9.85
4	1.47	1.12	0.92	0.69	0.49	1.26	0.88	0.28	0.15	7.27
5	1.00	0.82	0.61	0.49	0.38	1.06	0.78	0.28	0.16	5.60
6~10	2.12	1.79	1.46	1.20	1.07	3.23	2.53	0.97	0.64	15.00
11~20	1.24	0.93	0.80	0.66	0.63	2.31	2.21	0.88	0.70	10.36
21~30	0.45	0.30	0.24	0.23	0.20	0.82	0.96	0.43	0.35	3.99
>30	0.52	0.40	0.35	0.33	0.34	1.46	2.52	1.89	3.01	10.81
总计	27.53	13.95	8.67	6.31	5.06	14.86	12.67	5.53	5.43	100.00

注：单元格中的数值为百分比，单位为 $\%$。

数据来源：中国海关数据库。

表 3-5 出口金额分布(2006 年)

出口产品种类的数量/个	出口目的地数量/个									
	1	2	3	4	5	6～10	11～20	21～30	>30	总计
1	1.16	0.59	0.35	0.27	0.36	0.73	0.81	0.31	0.38	4.96
2	0.91	0.59	0.44	0.35	0.43	1.10	0.93	0.65	0.76	6.16
3	0.43	0.37	0.32	0.30	0.20	0.87	1.08	1.04	0.44	5.05
4	0.27	0.29	0.22	0.23	0.25	0.73	0.97	0.44	0.62	4.02
5	0.26	0.21	0.18	0.17	0.14	0.74	1.12	0.61	0.70	4.13
6～10	0.61	0.98	0.54	0.47	0.50	2.11	3.23	1.72	2.68	12.84
11～20	0.41	0.48	0.46	0.33	0.39	2.06	3.58	2.93	3.17	13.81
21～30	0.28	0.17	0.16	0.15	0.41	0.69	1.76	1.32	2.18	7.12
>30	0.53	0.74	0.36	0.37	0.30	2.09	3.89	3.80	29.83	41.91
总计	4.86	4.42	3.03	2.64	2.98	11.12	17.37	12.82	40.76	100.00

注:单元格中的数值为百分比,单位为%。

数据来源:中国海关数据库。

3.3 多产品出口企业的表现优于单一产品出口企业

为了比较多产品出口企业与单一产品出口企业的绩效表现,笔者使用2006年工业企业数据与海关进出口数据的合并数据,将同时存在于两个数据库中的出口企业作为研究样本,共计50 424家企业。企业特征变量来自中国工业企业数据库。其中,企业的总产出(Output)采用2000年为基期的工业生产者出厂价格指数平减后的工业增加值,雇用人数(Employment)采用全部从业人员年平均人数,工资(Wage)以2000年为基期的居民消费价格指数平减后的本年应付工资除以全部职工数得到的平均工资表示。劳动生产率选取两个指标衡量:全员劳动生产率(Labor_productivity)和全要素生产率(TFP)。全员劳动生产率由企业的工业增加值除以同一时期全部从业人员年平均人数计算得到,反映了每一个从业人员在单位时间内的平均产品生产量。在计算企业的全要素生产率时,剔除"采掘业"和"电力、燃气及水的生产和供应行业",仅保留制造业[《国民经济行业分类》(GB/T 4754—200)中的 13~43 类,但不包括 16 类和 43 类出口企业样本],占样本总数的 99.6%。同时,假设同一行业内的企业具有相似的生产技术和生产函数,从而使用分行业的资本弹性系数和劳动弹性系数计算制造业出口企业的 TFP[①]。

　　将上述企业特征变量取对数平减后,对表示多产品出口企业的虚拟变量(MP_firm)做回归,消除行业因素的影响,控制行业固定效应。回归结果如表 3-6 所示。

表 3-6　多产品出口企业与单一产品出口企业特征对比(2006 年)

	Output	Employment	Wage	Labor_productivity	TFP
Mp_firm	0.372*** (0.015 1)	0.330*** (0.011 6)	0.086 6*** (0.006 11)	0.036 5*** (0.011 6)	0.067 7*** (0.010 8)
固定效应	Industry	Industry	Industry	Industry	Industry
调整后的 R^2	0.128	0.127	0.128	0.180	0.179
观测值	49 281	50 046	50 016	49 281	49 246

注:括号里是稳健标准差。***表示在 1% 的显著性水平上显著。

　　根据表 3-6 的结果,可以发现:多产品出口企业的各项绩效指标均显著优于单一产品出口企业。首先,多产品出口企业具有更大规模。与单一产品出口企业相比,多产品出口企业的总产出高出约 45%($e^{0.372}-1$),雇员人数多出约 39%($e^{0.33}-1$)。其次,多产品出口企业支付更高的工资。多产品出口企业支付给雇员的平均工资比单一产品出口企业高出约 9%($e^{0.087}-1$)。最后,多产品出口企业的生产效率更高。多产品出口企业比单一产品出口企业的全员劳动生产率高约 4%($e^{0.037}-1$),全要素生产率高约 7%($e^{0.068}-1$)。理论研究表明,企业在出口到国外市场时需要支付沉没成本,生产效率高的企业能创造更多利润覆盖沉没成本,从而出口更多种类的产品到国外市场。

----

① 制造业的资本弹性系数和劳动弹性系数参见杨汝岱(2015)。

3.4　多产品出口企业内出口产品分布集中

出口企业可以出口多个不同种类的产品,那么企业的出口决策是平均分散地出口这些产品还是集中出口某些核心产品?为了研究出口企业内出口产品的分布情况,笔者使用2000—2006年海关进出口数据,选取出口1～10种产品的企业作为研究样本,并将这些企业按照其出口产品种类的数量分为10组(参见表3-7中每列的内容)。以出口企业为单位,将企业所有出口产品按照出口额从高到低排序,依照顺序对出口产品进行编号,即产品的编号从核心产品到边缘产品呈阶梯状下降(参见表3-7中每行的内容)。计算每个编号对应出口产品的出口金额在该企业出口总额中的占比,将所得结果在每个企业组内进行平均,最后在2000—2006年样本区间内进行平均。结果如表3-7所示。

表 3-7　出口企业内的出口产品分布(2000—2006 年)

出口产品序号	出口产品种类的数量/个									
	1	2	3	4	5	6	7	8	9	10
#1	100	83.91	76.56	71.57	67.81	64.97	62.11	60.11	57.77	55.68
#2		16.09	18.31	19.27	19.68	19.76	19.98	19.93	19.93	19.89
#3			5.13	6.86	7.87	8.50	9.03	9.29	9.72	9.92
#4				2.30	3.38	4.07	4.64	4.98	5.36	5.71
#5					1.26	1.93	2.46	2.83	3.19	3.51
#6						0.77	1.26	1.61	1.94	2.24
#7							0.52	0.87	1.15	1.43
#8								0.38	0.65	0.88
#9									0.29	0.51
#10										0.23

注:单元格中的数值为出口产品的平均出口额比重,单位为%。

数据来源:中国海关数据库。

观察表 3-7 中的结果,可以发现:出口企业内的出口产品分布是极不平均的,出口金额高度集中于企业的核心出口产品。以出口两种产品的企业为例,出口金额最高的产品的平均出口占比为 83.91%,这一比重随着企业出口产品种类的数量的增加而递减。然而,即便企业出口的产品种类增加至 10 种,企业内排名第一的出口产品的平均出口占比仍然高达 55.68%,即核心出口产品占据了企业出口总额的一半以上。上述结果反映出我国企业在出口方面同样具备"核心竞争力",企业出口高度集中于核心优势产品。

3.5　多产品出口企业的出口产品转换行为普遍存在

一直以来,产业动态研究的核心问题在于企业的进入和退出行为。在单一产品企业假定下,企业的进入和退出即意味着产品的进入和退出,因此对扩展边际的研究仅限于企业间的扩展边际。在多产品企业框架下,扩展贸易边际的研究由企业间延伸至企业内,即企业应对贸易冲击的调整方式不再局限于企业间的进入与退出,还可以通过企业内新增或淘汰产品,即产品转换行为,引导资源在各产品间进行重新配置。经验研究表明,出口企业内的产品转换行为非常普遍(Adalet,2009;Bernard et al.,2010;Goldberg et al.,2010;Iacovone et al.,2010;Navarro,2012;Timoshenko,2015)。本节使用 2000—2006 年的海关进出口统计数据以及 2000—2006 年工业企业数据与海关进出口数据的合并数据,研究出口企业层面的出口产品转换行为。

3.5.1　企业总体层面

在考察企业层面的证据时,不考虑企业进入和退出出口市场引起的产品变化,只考虑持续出口企业的产品转换行为。持续出口企业是指 $t-1$ 年和 t 年均至少出口一种产品的企业。根据连续两年出口产品的变化情况,这些企业可以分为如下四类:不改变产品组合、只新增产品、只淘汰产品以及同时新增和淘汰产品,其中后三类企业为已经发生出口产品转换行为的企业。使用 2000—2006 年海关进出口数据,分别统计了上述四种类型企业在全部出口企业、单一产品出口企业和多产品出口企业中的分布,结果如表 3-8 所示。

表 3-8 按出口产品转换行为分类的出口企业分布(2000—2006 年)

年份	全部出口企业				单一产品出口企业				多产品出口企业			
	不改变	只新增	只淘汰	同时新增和淘汰	不改变	只新增	只淘汰	同时新增和淘汰	不改变	只新增	只淘汰	同时新增和淘汰
2000—2001	19.07	15.09	15.36	50.48	57.20	32.48	—	10.32	7.95	10.01	19.85	62.20
2001—2002	18.50	16.07	13.09	52.34	54.83	33.90	—	11.27	8.00	10.92	16.88	64.20
2002—2003	18.78	17.37	13.24	50.61	55.42	35.22	—	9.35	8.11	12.18	17.09	62.62
2003—2004	18.53	17.78	12.99	50.69	54.44	36.69	—	8.87	8.27	12.38	16.70	62.65
2004—2005	17.46	16.70	12.11	53.74	52.85	36.55	—	10.61	7.54	11.13	15.50	65.82
2005—2006	16.99	16.15	13.12	53.73	54.61	36.10	—	9.29	7.29	11.01	16.51	65.19
平均	18.22	16.53	13.32	51.93	54.89	35.16	—	9.95	7.86	11.27	17.09	63.78

注:单元格中的数值为企业占比,单位为%。

数据来源:中国海关数据库。

首先,就全部出口企业来看,2000—2006 年,平均每年有约 18.22% 的出口企业不改变出口产品,16.53% 的出口企业只新增出口产品,13.32% 的出口企业只淘汰出口产品,同时新增和淘汰出口产品的出口企业占 51.93%。也就是说,平均每年有近 82% 的出口企业选择改变原有出口产品组合,这说明我国出口企业的出口产品转换行为非常普遍。作为对比,57% 的意大利出口企业、72% 的巴西出口企业和 94% 的新西兰出口企业每年转换出口产品(De Nardis et al., 2009;Timoshenko,2015;Adalet,2009)。值得注意的是,Bernard 等(2010)研究发现,出口企业比非出口企业更有可能发生产品转换行为。由于本章的研究对象为出口企业,这有可能导致对产品转换行为的高估。

其次,对比单一产品出口企业和多产品出口企业的统计结果,可以发现:与单一产品出口企业相比,多产品出口企业更有可能进行产品转换。具体来说,平均半数以上(54.89%)的单一产品出口企业不改变原有出口产品;与此相比,仅有 7.86% 的多产品出口企业维持出口产品组合不变。平均 45.11% 的单一产品出口企业发生了产品变更,其中多数企业(35.16%)选择只新增出口产品,同时新增和淘汰出口产品的企业只占约 10%;与此相比,超过 92% 的多产品出口企业进行了出口产品转换,其中绝大多数企业(63.78%)选择同时新增和淘汰出口产品。

表3-9统计了上述四类企业的出口金额占比[①]。

表 3-9　按产品转换行为分类的出口金额分布(2000—2006 年)

年份	全部出口企业				单一产品出口企业				多产品出口企业			
	不改变	只新增	只淘汰	同时新增和淘汰	不改变	只新增	只淘汰	同时新增和淘汰	不改变	只新增	只淘汰	同时新增和淘汰
2000—2001	7.46	8.84	7.36	76.34	62.02	35.72	—	2.26	3.98	7.12	7.83	81.07
2001—2002	7.74	7.95	5.87	78.44	61.48	31.97		6.55	4.33	6.43	6.24	83.00
2002—2003	7.28	8.89	5.90	77.93	58.58	35.52		5.90	4.12	7.25	6.27	82.36
2003—2004	7.37	9.69	6.26	76.68	56.35	41.89		1.76	4.35	7.70	6.64	81.31
2004—2005	6.84	9.31	6.50	77.35	49.99	46.22		3.79	4.20	7.06	6.90	81.84
2005—2006	7.63	8.35	7.41	76.61	56.81	39.49		3.70	4.92	6.63	7.82	80.63
平均	7.39	8.84	6.55	77.22	57.54	38.47		3.99	4.32	7.03	6.95	81.70

注:单元格中的数值为出口金额的百分比,单位为%。

数据来源:中国海关数据库。

首先,就全部出口企业来看,同时新增和淘汰出口产品的企业出口金额占比最高(77.22%),其他三类企业的出口金额比重相差不大。总体来看,发生了出口产品转换行为的企业的出口金额比重高达 92% 以上。作为对比,巴西和新西兰此类出口企业的出口金额占比分别为 83% 和 98%(Timoshenko,2015;Adalet,2009)。对比表 3-8 和表 3-9 的结果,可以发现:没有发生出口产品转换的出口企业数量占比为 18.22%,出口金额占比仅为 7.39%;发生了出口产品转换的出口企业数量占比仅为 81.78%,出口金额占比却超过 92%。这说明,与出口规模较小的企业相比,出口规模较大的企业更容易发生产品转换行为。可能的原因是,规模较大的出口企业出口的产品种类更丰富,产品之间的可替代性更强,在面临外生冲击时,更有条件通过转换产品来应对冲击。

其次,观察多产品出口企业的统计结果,企业出口总额的 95.68% 来自发生了出口产品转换的企业,其中同时新增和淘汰出口产品的企业出口金额占比最

[①]　考虑到新增产品企业的出口金额占比在后一年会偏高,在前一年会偏低,因而计算企业两年的平均出口金额。

高(81.7%)。与总体出口企业的结果类似,出口规模大的多产品出口企业更容易发生产品转换行为,尤其是同时新增和淘汰出口产品的行为。与此相反,规模较大的单一产品出口企业更倾向于维持原有出口产品不变。

特别需要指出的是,我国的海关数据库采用国际通用的《商品名称及编码协调制度》(简称"HS")表示产品种类,一个 HS-8 位编码对应一种出口产品。然而,海关总署每年会结合我国贸易以及其他政策情况调整税则税目,即部分出口产品的 HS-8 位编码会发生改变。例如,2005 年,出口产品"鲜蜂王浆"对应的 HS-8 位编码为"04100020",2006 年该种产品的 HS-8 位编码改为"04100041"。显然,在使用 HS-8 位编码定义出口产品种类的情况下,上述改变会导致我们认定出口企业同时淘汰并新增了出口产品,而实际上出口产品并未发生变更。因此,在研究出口产品转换问题时,如果不将 HS 编码的调整与出口产品的实际变化进行区分,势必会造成统计结果的偏误。为了解决上述问题,笔者根据海关总署颁布的"进出口税则税目调整表"对 HS-8 位编码的调整进行处理,从而剔除由于编码调整导致的出口产品变更行为。具体过程和结果参考附录 A。

3.5.2 贸易方式层面

中国海关数据库对贸易方式进行了细分。本书将贸易方式分为两类:一般贸易(边境小额贸易、一般贸易)和加工贸易(出口加工区进口设备、出料加工贸易、进料加工贸易、来料加工装配进口的设备、来料加工装配贸易)。在此基础上,进一步将出口企业分为三类:一般贸易企业(仅从事一般贸易出口)、加工贸易企业(仅从事加工贸易出口)和混合企业(同时从事一般贸易与加工贸易出口)。经计算,2000—2006 年,平均 60.1%的企业为一般贸易企业,15.8%的企业为加工贸易企业,混合企业占总样本的 24.1%。上述三类企业的出口产品转换行为统计如表 3-10 所示。

表 3-10 按贸易方式分类的出口企业产品转换行为

转换行为	一般贸易企业		加工贸易企业		混合企业	
	企业数量占比	出口金额占比	企业数量占比	出口金额占比	企业数量占比	出口金额占比
不改变	16.75%	10.77%	39.07%	18.91%	9.73%	2.58%
只新增	16.76%	10.60%	18.11%	16.21%	13.07%	4.89%

表3-10(续)

转换行为	一般贸易企业		加工贸易企业		混合企业	
	企业数量占比	出口金额占比	企业数量占比	出口金额占比	企业数量占比	出口金额占比
只淘汰	13.00%	8.30%	16.52%	10.81%	11.15%	3.78%
同时新增和淘汰	53.49%	70.33%	26.3%	54.07%	66.05%	88.75%

注:表中的数值为2000—2006年的平均值①。

数据来源:中国海关数据库。

　　根据表3-10的结果,2000—2006年,仅从事一般贸易的出口企业中有超过83%的企业改变了出口产品组合,仅从事加工贸易的出口企业中仅有约60%的企业发生了产品转换行为。显然,与一般贸易企业相比,加工贸易企业的出口产品相对稳定,原因可能在于,加工贸易企业的出口产品更多受到国外订单或合同的约束而无法自由变更。从本质上看,加工贸易是以加工或装配为特征的再出口行为,多数加工贸易企业缺乏核心竞争力,其出口往往受制于国外原材料或零部件供应商的订单或合同,出口产品在合同期内具有一定的稳定性。值得注意的是,超过90%的混合企业进行了出口产品转换,这一比例高于仅从事一般贸易或加工贸易出口的企业。

3.5.3　所有权属性层面

　　中国海关数据库将企业所有制类型分为国有企业、集体企业、中外合资企业、中外合作企业、外商独资企业、私营企业和其他类型企业。笔者将出口企业分为三大类,即国有企业(国有企业、集体企业)、外资企业(外商独资企业、中外合资企业、中外合作企业)和私营企业,研究不同所有制类型出口企业的产品转换行为。统计结果如表3-11所示。

　　根据表3-11的结果,2000—2006年,平均每年约有90%的国有企业、77%的外资企业和88%的私营企业选择改变出口产品组合,其中大部分企业会同时新增和淘汰出口产品。在三种所有制类型的企业中,国有企业和私营企业的出口产品转换行为比较普遍,外资企业的出口产品相对稳定。戴觅等(2014)通过分析2000—2006年中国海关数据发现,加工贸易出口额在外资企业出口额中

---

① 2000—2006年,各类出口企业数量占比和出口金额占比的短期波动均很小。

表 3-11   按所有制类型分类的出口企业产品转换行为

转换行为	国有企业		外资企业		私营企业	
	企业数量占比	出口金额占比	企业数量占比	出口金额占比	企业数量占比	出口金额占比
不改变	10.62%	3.23%	22.58%	10.66%	11.88%	5.81%
只新增	9.76%	3.37%	18.45%	12.52%	20.12%	12.19%
只淘汰	10.49%	3.43%	15.20%	8.75%	8.45%	5.77%
同时新增和淘汰	69.13%	89.97%	43.77%	68.07%	59.55%	76.23%

注:表中的数值为 2000—2006 年的平均值。

数据来源:中国海关数据库。

的占比高达 75%,而在非外资企业中只占 27%。笔者认为,加工贸易企业出口产品的稳定性和加工贸易出口额在外资企业出口额中的高比重,是导致外资企业出口产品相对稳定的可能原因。

3.5.4   制造业层面

研究发现,贸易中间商在很多国家的对外贸易中扮演着重要角色。与生产性出口企业相比,贸易中间商不承担生产成本,不具备核心竞争力,因而改变现有出口产品组合的风险较小、成本较低。这使笔者怀疑,中间商的存在有可能会使我们高估我国出口企业的出口产品转换行为。

对于如何剔除中间商,目前主要有两种方法:一是将中国海关数据库与中国工业企业数据库对接,由于中国工业企业数据库统计的对象主要是制造业企业,因此同时出现在两个数据库中的企业必然不是纯粹的贸易中间商,从而将对接成功的样本作为剔除了中间商的直接出口企业样本(Upward et al.,2013;钱学锋等,2013)。二是通过企业中文名称中的特定词语,例如"进出口""贸易""经贸"等,来识别贸易中间商(Ahn et al.,2011)。笔者认为第二种方法无法准确识别贸易中间商,可能造成对中间商重要性的低估,因此本章使用中国海关数据库与中国工业企业数据库合并后的样本,并选取其中的制造业[《国民经济行业分类》(GB/T 4754—2002)中的 13~42 类]出口企业作为研究对象。需要说明的是,本章研究的制造业不包括"烟草制品业"(代码 16)和"废弃资源和废旧材料回收加工业"(代码 43)。烟草制品业的生产和销售一直以来受到政府严厉管制,并且未对外资开放;废弃资源和废旧材料回收加工业中的绝大多数 4 位代码在 2002 版的国民经济行业分类中被归入其他两位行业代码。因此,这两个行业中可供研究的企业样本很少。

表 3-12 列出了按出口产品转换行为划分的三种类型企业在制造业出口企业中的分布情况。

表 3-12　制造业出口企业的出口产品转换行为

转换行为	全部出口企业		单一产品出口企业		多产品出口企业	
	企业数量占比	出口金额占比	企业数量占比	出口金额占比	企业数量占比	出口金额占比
不改变	19.11%	9.72%	59.33%	60.25%	9.23%	6.08%
只新增	16.91%	11.29%	34.02%	37.01%	12.70%	9.49%
只淘汰	14.56%	8.75%	——	——	18.15%	9.38%
同时新增和淘汰	49.42%	70.24%	6.65%	2.74%	59.92%	75.05%

注:表中的数值为 2000—2006 年的平均值。

数据来源:2000—2006 年中国工业企业数据库与中国海关数据库合并后的数据。

对比表 3-8 中的最后一行,可以发现:一方面,贸易中间商的存在确实使我们高估了出口企业的产品转换行为。在剔除了中间商的制造业出口企业样本中,有 80.89% 的企业发生了出口产品转换,这一比例低于未剔除中间商时的81.78%。类似地,发生了出口产品转换的单一产品出口企业比例由剔除前的45.11% 减少至剔除后的 40.67%,发生了出口产品转换的多产品出口企业占比由剔除前的 92.14% 降低至剔除后的 90.77%。另一方面,出口企业内频繁的产品转换行为并不主要归因于贸易中间商的存在。在剔除了中间商样本之后,发生产品转换的出口企业比例并未大幅下降,说明在制造业出口企业中,出口产品转换也是普遍存在的行为。另外,对制造业出口企业的研究结果表明,多产品出口企业中发生了出口产品转换的企业占比(90.77%)远高于单一产品出口企业(40.67%),这与全部出口企业样本的统计结果相同(见表 3-8)。

进一步,分行业考察制造业出口企业的出口产品转换行为,选取的样本为2005—2006 年持续出口的制造业企业。如表 3-13 所示,按照不改变出口产品组合的企业在其所在行业所有出口企业中所占比重,由大至小对制造业行业进行排序。结果表明,出口产品组合最为稳定的三个行业为石油加工、炼焦及核燃料加工业,饮料制造业和化学纤维制造业;出口产品转换行为最为普遍的三个行业为纺织服装、鞋、帽制造业,家具制造业和纺织业。

表 3-13　制造业出口企业的出口产品转换行为（分行业）

行业		不改变	只新增	只淘汰	同时新增和淘汰	样本数/个
25	石油加工、炼焦及核燃料加工业	43.59	15.38	17.95	23.08	39
15	饮料制造业	39.08	20.11	25.29	15.52	174
28	化学纤维制造业	36.13	19.33	13.45	31.09	119
32	黑色金属冶炼及压延加工业	34.9	19.22	11.37	34.51	255
14	食品制造业	32.17	17.39	20	30.43	690
31	非金属矿物制品业	29.01	18.87	18.16	33.97	1 410
26	化学原料及化学制品制造业	28.25	17.98	16.7	37.07	1 802
33	有色金属冶炼及压延加工业	28.07	15.26	19.35	37.33	367
22	造纸及纸制品业	26.58	18.99	20.25	34.18	395
40	通信设备、计算机及其他电子设备制造业	25.38	17.61	14.24	42.78	2 817
30	塑料制品业	24.61	17.95	16.03	41.42	1 666
29	橡胶制品业	24.57	17.01	20.6	37.81	529
27	医药制造业	22.45	18.37	15.51	43.67	490
19	皮革、毛皮、羽毛（绒）及其制品业	22.41	17.8	21.12	38.67	1 629
42	工艺品及其他制造业	22.17	15.34	16.01	46.48	1 493
39	电气机械及器材制造业	21.11	17.5	15.71	45.67	2 520
13	农副食品加工业	20.68	15.44	21.07	42.81	1 509
24	文教体育用品制造业	18.39	15.52	14.61	51.48	1 218
20	木材加工及木、竹、藤、棕、草制品业	18.32	15.81	19.79	46.09	677
35	通用设备制造业	18.11	18.69	15.9	47.3	2 258
23	印刷业和记录媒介的复制	18.05	21.66	15.16	45.13	277
34	金属制品业	17.27	18.34	13.33	51.07	1 876

表3-13(续)

	行业	不改变	只新增	只淘汰	同时新增 和淘汰	样本数/个
41	仪器仪表及文化、办公用机械制造业	16.33	16.33	14.56	52.78	845
37	交通运输设备制造业	14.86	17.49	15.09	52.55	1 332
36	专用设备制造业	13.91	16.4	13.18	56.51	1 244
17	纺织业	10.37	12.84	13.05	63.74	3 654
21	家具制造业	7.58	15.3	18.64	58.48	778
18	纺织服装、鞋、帽制造业	4.11	7.47	7.88	80.54	3 161

注:表中第 2 列～第 5 列的数值为比重,单位为%。

3.6　出口企业的出口产品转换是导致出口产品种类变化的重要原因

　　本节从出口企业-产品层面考察出口产品的转换情况,使用海关进出口统计数据,以微观出口企业为基本单位,以 HS-8 位编码定义出口产品,将某种企业-产品组合定义为产品种类(variety)。将海关月度数据在企业-产品层面加总为年度数据,其中只要 A 企业在某年任意月份出口产品 B,即将"A-B"组合视为该年的出口产品种类。2000—2006 年的出口产品种类的数量如表 3-14 所示,可以看到,出口产品种类的数量逐年增加。2000—2006 年,我国出口产品种类增加了约 222%。

表 3-14　出口产品种类的数量(2000—2006 年)　　　　单位:个

年份	2000	2001	2002	2003	2004	2005	2006
出口产品种类的数量	904 115	991 015	1 197 157	1 477 934	1 830 601	2 294 915	2 913 163

　　为了测度出口产品种类的变化情况,定义"出口种类新增率"(export variety creation,evc)和"出口种类淘汰率"(export variety destruction,evd)。前者等于 $t-1$ 年到 t 年新增出口产品种类与 t 年全部出口产品种类的比值,后者等于 t

年到 $t+1$ 年停止出口产品种类与 t 年全部出口产品种类的比值。在计算两种比率时，企业进入或退出出口市场的情况被包括在内。因此，$t-1$ 年到 t 年出口产品种类的增加可能来自两方面：新企业进入出口市场带来的产品种类增加和持续出口企业新增出口产品带来的产品种类增加。前者反映了企业间扩展边际上的产品种类变化，后者反映了企业内扩展边际上的产品种类变化。类似地，t 年到 $t+1$ 年将要淘汰的出口产品种类也可以分解为企业退出出口市场导致的产品种类减少（企业间扩展边际）和持续出口企业淘汰出口产品导致的产品种类减少（企业内扩展边际）。表 3-15 报告了 2000—2006 年我国出口产品种类的变化情况。

表 3-15　出口种类新增率和出口种类淘汰率（2000—2006 年）

	出口种类新增率（evc）			出口种类淘汰率（evd）		
	总计	企业间	企业内	总计	企业间	企业内
2000	—	—	—	0.541	0.061	0.480
2001	0.581	0.132	0.449	0.520	0.057	0.463
2002	0.602	0.157	0.445	0.496	0.045	0.451
2003	0.592	0.178	0.414	0.503	0.057	0.446
2004	0.598	0.208	0.390	0.520	0.08	0.44
2005	0.617	0.196	0.421	0.546	0.075	0.471
2006	0.642	0.295	0.347	—	—	—
平均	0.605	0.194	0.411	0.521	0.062	0.459

数据来源：根据中国海关进出口数据计算所得。

横向观察表 3-15 中的数据，可以发现如下两个事实：第一，出口企业-产品层面的产品更替行为非常频繁。平均来看，2000—2006 年，每年全部出口产品种类中的 60.5% 为（上一年未出口的）新增种类，出口产品种类中的 52.1% 将在下一年停止出口。第二，出口产品种类的变化主要来自企业内扩展边际上的变化，即现有出口企业内的出口产品变化才是导致出口产品种类变化的主要原因。平均来看，每年新增的出口产品种类中大部分（41.1%）来自原有出口企业的新增出口产品，仅有少部分（19.4%）来自新进入出口市场的企业；每年淘汰的出口产品种类中大部分（45.9%）来自原有出口企业淘汰出口产品，仅有少部分（6.2%）来自企业退出出口市场。纵向观察表 3-15 中的数据，出口种类新增率总体呈现上升趋势,而出口种类淘汰率在 2000—2002 年呈递减趋势,2003 年后开始稳步增加。

进一步,借鉴 Upward 等(2013)的方法,将 HS-8 位编码对应到《国民经济行业分类》(GB/T 4754—2002)的两位行业代码中,从而研究制造业行业层面的出口产品种类变化。如前所述,制造业并不包括烟草制品业及废弃资源和废旧材料回收加工业。表 3-16 列出了 2005 年我国制造业行业层面的出口种类新增率和出口种类淘汰率。

表 3-16　制造业的出口种类新增率和出口种类淘汰率(2005 年)

行业	出口种类新增率(evc)			出口种类淘汰率(evd)		
	总计	企业间	企业内	总计	企业间	企业内
13　农副食品加工业	0.540	0.325	0.215	0.501	0.288	0.213
14　食品制造业	0.523	0.334	0.189	0.460	0.261	0.199
15　饮料制造业	0.515	0.399	0.116	0.515	0.378	0.137
17　纺织业	0.620	0.229	0.391	0.546	0.136	0.410
18　纺织服装、鞋、帽制造业	0.546	0.199	0.347	0.466	0.138	0.328
19　皮革、毛皮、羽毛(绒)及其制品业	0.545	0.315	0.230	0.497	0.230	0.267
20　木材加工及木、竹、藤、棕、草制品业	0.615	0.390	0.225	0.582	0.316	0.266
21　家具制造业	**0.676**	0.379	0.297	0.534	0.240	0.294
22　造纸及纸制品业	0.665	0.379	0.286	**0.597**	0.279	0.318
23　印刷业和记录媒介的复制	**0.680**	0.432	0.248	**0.643**	0.365	0.278
24　文教体育用品制造业	0.617	0.314	0.303	0.592	0.239	0.353
25　石油加工、炼焦及核燃料加工业	0.567	0.475	0.092	0.513	0.426	0.087
26　化学原料及化学制品制造业	0.614	0.244	0.370	0.561	0.170	0.391
27　医药制造业	0.515	0.241	0.274	0.450	0.180	0.270
28　化学纤维制造业	**0.699**	0.537	0.162	**0.601**	0.427	0.174
29　橡胶制品业	0.645	0.385	0.260	0.581	0.303	0.278

表3-16(续)

行业	出口种类新增率(evc)			出口种类淘汰率(evd)		
	总计	企业间	企业内	总计	企业间	企业内
30 塑料制品业	0.597	0.314	0.283	0.516	0.192	0.324
31 非金属矿物制品业	0.641	0.332	0.309	**0.599**	0.219	0.380
32 黑色金属冶炼及压延加工业	**0.695**	0.398	0.297	0.589	0.262	0.327
33 有色金属冶炼及压延加工业	0.652	0.407	0.245	0.591	0.332	0.259
34 金属制品业	0.610	0.273	0.337	0.543	0.176	0.367
35 通用设备制造业	0.622	0.249	0.373	0.532	0.153	0.379
36 专用设备制造业	**0.681**	0.304	0.377	**0.604**	0.209	0.395
37 交通运输设备制造业	0.607	0.314	0.293	0.528	0.229	0.299
39 电气机械及器材制造业	0.567	0.250	0.317	0.502	0.162	0.340
40 通信设备、计算机及其他电子设备制造业	0.620	0.300	0.320	0.578	0.224	0.354
41 仪器仪表及文化、办公用机械制造业	0.635	0.304	0.331	0.584	0.235	0.349
42 工艺品及其他制造业	0.623	0.328	0.295	0.584	0.228	0.356

注:加粗的数字代表排名前5位的行业;灰色底纹的数字代表排名后5位的行业。

数据来源:中国海关数据库。

首先,制造业行业层面的出口种类变化非常频繁,不同行业的出口种类新增率和淘汰率具有明显差异。总体来看,所有行业的出口种类新增率均在50%以上,出口种类淘汰率均在45%以上。出口种类新增率排在前五位的行业分别为化学纤维制造业(69.9%),黑色金属冶炼及压延加工业(69.5%),专用设备制造业(68.1%),印刷业和记录媒介的复制(68%),家具制造业(67.6%);排在后五位的行业分别为饮料制造业(51.5%),医药制造业(51.5%),食品制造业(52.3%),农副食品加工业(54%),皮革、毛皮、羽毛(绒)及其制品业(54.5%)。出口种类淘汰率排在前五位的行业分别为印刷业和记录媒介的复制(64.3%),专用设备制造业(60.4%),化学纤维制造业(60.1%),非金属矿物制品业(59.9%),造纸及纸制品业(59.7%);排在后五位的行业分别为医药制造业

(45%),食品制造业(46%),纺织服装、鞋、帽制造业(46.6%),皮革、毛皮、羽毛(绒)及其制品业(49.7%),农副食品加工业(50.1%)。

　　其次,制造业行业的出口种类新增率和出口种类淘汰率之间存在显著正相关关系。如前所述,出口种类新增率和出口种类淘汰率排在前五位的行业中有三个行业是重叠的,排在后五位的行业中有四个行业是重叠的,这说明新增出口产品种类更活跃的行业往往也更积极地淘汰原有出口产品。图 3-1 证实了出口种类新增率和淘汰率之间的正相关关系,经计算,两者的相关系数高达 0.94。另外,几乎所有行业的出口种类新增率均高于出口种类淘汰率,这反映出这些行业的出口产品范围呈现扩大趋势。

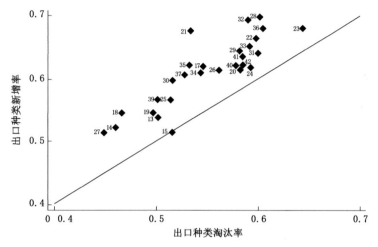

图 3-1　制造业行业出口种类新增率与出口种类淘汰率

注:图中◆旁数字为表 3-16 中的行业代码

　　再次,钱学锋等(2013)从制造业行业层面研究了企业的平均出口产品范围。其研究结果显示,印刷业和记录媒介的复制、化学纤维制造业和专用设备制造业的平均出口产品范围分别为 21.2 个、15.1 个和 11.9 个;农副食品加工业、食品制造业和医药制造业的平均出口产品范围分别为 7.8 个、10.3 个和 9.5 个。对比其研究结果,可以认为:出口产品范围越大的行业,出口产品转换往往越频繁。

　　最后,企业间扩展边际和企业内扩展边际对出口产品种类变化的贡献依行业而不同。对全部出口企业的研究结果(见表 3-15)表明,出口产品种类的变化主要来自企业内扩展边际,然而这一结果掩盖了行业层面的差异。如表 3-16 所示,石油加工、炼焦及核燃料加工业的全部出口产品种类中有 56.7% 为新增种类,其中 47.5% 来自新进入的出口企业(企业间扩展边际),仅有 9.2% 来自持续出口企业的新增出口种类(企业内扩展边际)。类似地,该行业淘汰的出口产品种类主要来自退出市场的出口企业,而非持续出口企业的淘汰出口产品。与此相反,观察纺织服装、鞋、帽制造业:54.6%的出口种类新增率中,有34.7%来自企业内扩展边际;46.6%的出口种类淘汰率中,有32.8%来自企业内扩展边际,这说明该行业出口产品种类的变化主要来自持续出口企业内的出口产品变化。

3.7 本章小结

本章利用2000—2006年海关进出口数据及海关进出口数据与工业企业数据的合并数据,考察了我国多产品出口企业的特征性事实。研究发现,在我国出口市场中占据主导地位的是多产品出口企业,这些企业不仅出口多种类产品,还同时出口到多个目的地市场。与单一产品出口企业相比,多产品出口企业的产出规模更大、雇用员工更多、支付员工工资更高且生产效率更高。多产品出口企业内的出口产品分布向核心优势产品集中,反映出企业在出口方面具备"核心竞争力"。

出口企业内的出口产品转换(新增、淘汰或同时新增和淘汰出口产品)行为是本书研究的重点。出口企业层面上,考察出口产品转换是否为企业内普遍存在的行为。使用海关进出口数据,以全部出口企业作为样本,研究发现:每年约有82%的出口企业发生了出口产品转换行为,其中多数企业会同时新增和淘汰出口产品。与单一产品出口企业相比,多产品出口企业中的出口产品转换行为更为普遍;与小规模出口企业相比,大规模出口企业更有可能发生出口产品转换。进一步,将全部出口企业按照贸易方式和所有权属性分类,研究结果表明:相对于一般贸易企业,加工贸易企业的出口产品更加稳定;相对于国有企业和私营企业,外资企业的出口产品更加稳定。为了剔除贸易中间商的影响,使用海关进出口数据与工业企业数据的合并数据,考察制造业出口企业的出口产品转换行为。结果显示,剔除中间商之后,发生了出口产品转换的出口企业比例只是略有下降,并未改变全部出口企业样本的统计结果,这说明在制造业出口企业中,出口产品转换也是普遍存在的行为。

出口企业-产品(或产品种类)层面上,使用海关进出口数据,通过定义"出口种类新增率"和"出口种类淘汰率"来考察出口产品种类的变化。① 以全部出口产品种类作为样本的研究结果表明:出口产品种类频繁发生变化,当年全部出口产品种类中的一半以上为新增产品种类,当年全部出口产品种类中的一半以上将在下一年停止出口。如此频繁的出口产品转换主要来自企业内扩展边际,即现有出口企业内的出口产品变化才是导致出口产品种类变化的主要原因。② 制造业行业层面的研究结果表明:尽管出口种类新增率和出口种类淘汰率在不同行业间具有显著差异,但总体来看,制造业各行业的出口种类变化非常频繁,且出口种类新增率高的行业往往也淘汰更多出口种类。同时,对比行业出口产品范围,可以发现出口产品范围越大的行业,出口产品转换越频繁。

第 4 章

出口产品转换行为的效应研究

4.1　引言

如何对资源进行最优配置一直是经济学研究的核心问题。在多产品企业框架下,扩展贸易边际的研究由企业间延伸至企业内,即企业应对国际经济环境变动时的调整方式不再局限于企业间的进入与退出,还可以通过企业内产品的进入和退出(产品转换行为)引导资源在各产品间进行重新配置。第 3 章的研究表明,出口企业内的产品转换行为非常普遍,这种行为揭示了出口影响企业绩效表现的一种新机制——资源重置效应。资源重置效应是指出口使资源在同一行业内不同企业之间以及同一企业内不同产品之间重新配置,进而对生产率带来的影响。在单一产品假定下,企业进入和退出导致资源在企业间重新配置,即低生产率企业退出出口市场,资源重新配置给高生产率企业,从而提高了整体经济的生产率水平(Melitz,2003)。基于多产品企业假定的异质性贸易理论则进一步强调产品的异质性,认为出口产品范围的调整通过将企业内的资源从低收益产品向高收益产品重新配置,从而对宏观贸易增长和微观企业绩效产生影响。

本章旨在考察出口产品转换行为的宏观与微观效应。宏观方面,对我国出口贸易总额和制造业出口贸易额在企业和产品层面进行分解,考察出口产品的进入和退出行为对贸易增长的贡献。微观方面,建立出口产品转换行为对企业生产率影响的计量模型,使用 2000—2006 年制造业出口企业层面微观数据进行实证研究,以考察出口产品转换行为的微观企业效应。

4.2　出口产品转换的贸易增长效应

多产品企业理论一再强调企业内扩展边际在资源再配置以及出口贸易增长中的贡献。国内外相关研究表明,出口产品的转换行为会引致资源在出口企业内进行重新配置,这种重新配置是出口增长的重要驱动力量（Adalet,2009；Masso et al. ,2012；钱学锋等,2013；陈勇兵、陈宇媚等,2012）。本节将我国的出口贸易额和制造业出口额的变化在企业和产品层面进行分解,研究出口产品进入和退出行为对贸易增长的影响。

4.2.1　出口贸易总额的分解

钱学锋等(2013)将中国的出口贸易总额分解为平均的企业出口产品范围（企业内扩展边际）、出口企业数量（企业间扩展边际）和平均的企业-产品-国家出口金额（集约边际）,利用 2000—2005 年的贸易数据研究发现:大约 28％的出口增长来自企业间的扩展边际,大约 44％的出口增长来自企业内的扩展边际,剩下的约 28％则来自集约边际,从而揭示了中国出口增长的动力来源为扩展边际（特别是企业内的扩展边际）而非集约边际的事实。然而,用平均的企业出口产品范围衡量企业内扩展边际的做法忽略了企业内的动态产品转换。

为了研究出口产品转换行为对贸易增长的贡献,我们将出口增长在企业层面按照产品类型进行分解。具体而言,$t-1$ 期到 t 期持续出口企业的出口金额变化可以分解为如下四部分:新增出口产品带来的出口金额增加、淘汰出口产品带来的出口金额减少、持续出口产品的出口金额增加和持续出口产品的出口金额减少。用公式可以表示为:

$$\Delta Ex_{jt} = \sum_{i \in A} \Delta Ex_{ijt} + \sum_{i \in D} \Delta Ex_{ijt} + \sum_{i \in G} \Delta Ex_{ijt} + \sum_{i \in S} \Delta Ex_{ijt} \qquad (4\text{-}1)$$

其中,j 表示出口企业;i 代表该企业出口的产品;t 是时间;Ex 是 Expot 的缩写,表示出口金额。ΔEx_i 表示相对于 $t-1$ 期,t 期出口企业 j 对某种出口产品 i 的出口金额变化。$\sum_{i \in A} \Delta Ex_{ijt}$ 表示将所有属于 A 集合的出口产品金额变化进行加总。A 和 D 分别表示新增和淘汰的出口产品集合,G 和 S 分别表示出口扩张和出口缩减的产品集合。显然,前两项为企业内扩展边际上的出口变化,后两项为企业内集约边际上的出口变化。企业间扩展边际上的变化体现为新企业进入出口市场导致的出口金额增加和企业退出出口市场导致的出口金额减少。因此，$t-1$ 期到 t 期实际的出口变化可以在企业层面做出如下分解：

$$\Delta Ex_t = \sum_{j\in N} \Delta Ex_{jt} + \sum_{j\in X} \Delta Ex_{jt} +$$
$$\sum_{j\in C} \left(\sum_{i\in A} \Delta Ex_{ijt} + \sum_{i\in D} \Delta Ex_{ijt} + \sum_{i\in G} \Delta Ex_{ijt} + \sum_{i\in S} \Delta Ex_{ijt} \right) \quad (4\text{-}2)$$

其中，N、X 和 C 分别表示新进入出口市场企业、退出出口市场企业和持续出口企业的集合。根据式(4-2)，从左至右，将 $t-1$ 期到 t 期的出口总额变化分解为如下六项：新进入出口市场的企业导致的出口金额增加，退出出口市场的企业导致的出口金额减少，持续出口企业新增出口产品导致的出口金额增加，持续出口企业淘汰出口产品导致的出口金额减少，持续出口产品的出口金额增加，持续出口产品的出口金额减少。表 4-1 报告了 2000—2006 年总体样本下各年份不同贸易边际对出口增长的贡献。

纵向来看，各种贸易边际对出口增长的贡献比例短期存在一定波动。例如，与前一期相比，2001—2002 年扩展边际上的出口增长比重显著增加，其中企业间扩展边际的出口增长比重由 24.32% 增加至 37.62%，企业内扩展边际的出口增长比重由 8.17% 增加至 26.28%，而集约边际上的出口增长比重由 67.5% 下降至 36.09%。2001 年年底中国加入 WTO，短期而言，入世冲击的影响更多体现为促进了企业及产品参与出口市场的活跃程度。Masso 等(2012)考察爱沙尼亚企业的出口产品转换行为时得出了相似结论：爱沙尼亚于 2004 年加入欧盟导致企业间扩展边际的出口增长贡献比例由 6.3% 增加至 40%，企业内扩展的出口增长贡献比例由 12.5% 增加至 20%。

表 4-1　2000—2006 年不同贸易边际对出口增长的贡献

年度	企业间扩展边际					企业内扩展边际				企业内集约边际			
	出口增长	企业进入	企业退出	总计	占比/%	产品进入	产品退出	总计	占比/%	扩张产品	缩减产品	总计	占比/%
2000—2001	41.37	16.54	−6.48	10.06	24.32	27.25	−23.87	3.38	8.17	83.45	−55.52	27.93	67.50
2001—2002	35.03	19.28	−6.10	13.18	37.62	44.45	−35.24	9.21	26.28	79.80	−67.16	12.64	36.09
2002—2003	112.84	28.77	−5.31	23.46	20.79	60.71	−37.94	22.77	20.18	127.37	−60.76	66.61	59.03
2003—2004	155.18	39.46	−7.51	31.95	20.59	43.34	−25.10	18.24	11.75	195.55	−90.56	104.99	67.66
2004—2005	163.07	41.21	−11.23	29.98	18.38	70.75	−42.47	28.28	17.34	221.43	−116.6	104.81	64.27

表 4-1(续)

年度	企业间扩展边际					企业内扩展边际				企业内集约边际			
	出口增长	企业进入	企业退出	总计	占比/%	产品进入	产品退出	总计	占比/%	扩张产品	缩减产品	总计	占比/%
2005—2006	211.79	61.29	−16.07	45.22	21.35	79.08	−49.01	30.07	14.20	283.06	−146.6	136.50	64.45
平均					23.84				16.32				59.83

说明:除占比外,其他指标的单位为十亿美元。表 4-2 同。

数据来源:根据中国海关进出口数据计算而得。

　　横向来看,三种贸易边际中,我国的出口增长主要由企业内的集约边际所解释。2000—2006 年,平均 60% 的出口增长来自持续出口企业持续出口产品的出口增长。这与 Adalet(2009)对新西兰的研究和 Goldberg 等(2010)对印度的研究结论相同。值得注意的是,企业内扩展边际的出口增长贡献小于企业间扩展边际,主要原因是产品进入和退出导致的出口变化非常接近,从而相互抵消,使得净出口变化较小。事实上,就出口变化的绝对值而言,产品进入和退出对出口的影响远大于企业进入和退出,这说明企业内扩展边际的贡献不容忽视。就具体的贸易边际而言,新进入企业的出口金额远大于退出企业,这说明新进入出口市场的是规模较大、实力较强的企业,退出的企业往往规模较小、实力较弱。在持续出口企业内,新增出口产品和原有出口产品扩张导致的出口增加占据主导地位。

　　本节关于企业内集约边际是中国出口增长主要来源的结论与钱学锋等(2013)的研究结论不同。钱学锋等(2013)从静态角度出发,将平均的企业出口产品范围视作企业内的扩展边际,利用普通最小二乘回归分析(OLS)得出了中国出口贸易变动对企业平均出口产品范围调整的弹性为 0.44 的结论。然而,这种以平均出口产品范围衡量企业内扩展边际的做法,忽略了企业内动态产品转换可能对出口产生的影响。即使企业的出口产品范围没有变化(例如,$t-1$ 年出口 5 种产品,t 年仍然出口 5 种产品),仍可能通过动态的出口产品调整(例如,$t-1$ 年到 t 年同时增加和淘汰 2 种出口产品)导致出口金额的变化。因此,通过将实际出口变化在企业内部进行分解,我们考虑了产品转换行为通过引导资源在产品间重新配置而对出口增长产生的影响。

4.2.2　制造业出口贸易额的分解

　　使用 2000—2006 年中国工业企业数据与海关进出口数据匹配得到的制造业出口企业样本,参照式(4-2),进一步对制造业出口额的变化进行分解,结果如

表 4-2 所示。

表 4-2　2000—2006 年不同贸易边际对制造业出口增长的贡献

年度	企业间扩展边际					企业内扩展边际				企业内集约边际			
	出口增长	企业进入	企业退出	总计	占比/%	产品进入	产品退出	总计	占比/%	扩张产品	缩减产品	总计	占比/%
2000—2001	27.33	25.08	-8.74	16.34	59.81	4.50	-3.70	0.80	2.91	24.05	-13.86	10.19	37.28
2001—2002	23.36	20.47	-8.11	12.36	52.93	12.83	-9.33	3.50	14.97	28.35	-20.85	7.50	32.10
2002—2003	56.67	28.78	-8.75	20.03	35.34	22.71	-13.17	9.54	16.83	45.51	-18.41	27.10	47.83
2003—2004	118.27	92.10	-27.50	64.60	54.62	10.61	-4.01	6.60	5.58	77.13	-30.06	47.07	39.80
2004—2005	66.32	31.91	-30.03	1.88	2.83	22.30	-13.62	8.68	13.09	99.76	-44.00	55.76	84.08
2005—2006	36.02	69.53	-100.46	-30.93	-85.87	20.17	-11.88	8.29	23.03	98.35	-39.70	58.65	162.84
平均					19.94				12.74				67.32

数据来源:根据工业企业数据与海关进出口数据合并数据计算而得。

首先,不同贸易边际对制造业出口增长的贡献比例短期存在显著波动。与前一期相比,2003—2004 年企业间扩展边际的出口增长贡献由 35.34% 增加至 54.62%,而同期企业内扩展边际的出口增长贡献却由 16.83% 减少至 5.58%。观察 2004—2005 年,企业间扩展边际的出口增长贡献由前一期的 54.62% 骤减至 2.83%,而同期企业内集约边际的出口增长贡献却由前一期的 39.80% 增加至 84.08%。特别值得注意的是,2005—2006 年,企业退出出口市场导致的出口额下降甚至超过了新进入企业的出口额增加,使得企业间扩展边际对出口产生了负影响。该期的制造业出口增长主要靠企业内已有出口产品的增产带动。

其次,就三种边际比较而言,制造业的出口额增长主要依靠新企业进入和原有产品增产来带动,尤其是在中国入世前后的一段时期内,这是符合当时的经济环境的。同时,企业内扩展边际的影响亦不容忽视,产品进入和退出引发的出口额变化幅度整体呈现上升趋势,且比其净效应可观。

4.3 出口产品转换与企业生产率

4.3.1 理论机制——资源重置效应

资源重置效应是指出口使资源在同一行业内不同企业之间以及同一企业内不同产品之间重新配置进而对生产率带来的影响。Melitz(2003)在其经典论文中构建了异质性贸易模型,强调贸易自由化促使低效率企业退出市场、资源由低效率企业重新配置给高效率企业进而提升了生产率水平。Hsieh 等(2009)通过对中国企业的研究发现,如果资本和劳动力得到更有效的再配置,那么制造业企业将获得额外的增长。然而,前期研究赖以成立的一个重要前提是假设一个企业只生产一种产品,在单一产品企业假定下,企业的进入和退出即为产品的进入和退出。Bernard 等(2010)构建了基于多产品企业假定的异质性贸易模型,强调企业内产品间存在异质性,并使用 1987—1997 年美国制造业普查数据研究发现,新产品进入显著提高了企业的全要素生产率,而原有产品退出则导致企业生产率的明显下降。此后,众多国内外学者基于不同国家的数据开展经验研究(De Nardis et al.,2009;Masso et al.,2012;Álvarez et al.,2014;亢梅玲等,2016),尽管具体研究结论存在差异,但普遍证实了产品转换行为通过引导企业内资源由低收益产品向高收益产品重新配置而影响生产率的事实。

4.3.2 数据来源与处理

本节使用的数据来自 2000—2006 年中国工业企业数据库和中国海关数据库。前者包含全部国有企业和年销售额 500 万元以上非国有制造业企业的详细统计指标,我们使用这些数据来构建企业特征变量(包括企业全要素生产率和全部控制变量)。后者以出口企业为观测单位,详细记录了每家企业出口 HS-8 位编码产品的具体情况,我们使用这些数据来构建反映企业出口产品转换行为的变量。由于上述两个数据库对企业采取截然不同的编码方式,无法直接使用企业代码对两个数据库中的企业进行匹配,笔者借鉴其他学者的相关研究方法(Yu,2015;Ge et al.,2015),首先对数据库中的企业进行匹配。

根据研究需要,进一步对样本数据进行如下处理:第一,本节仅研究制造业出口企业,因此选取《国民经济行业分类》(GB/T 4754—2002)中 13～42 类的样本企业。需要特别说明的是,本节研究的制造业不包括"烟草制品业"(代码 16)和"废弃资源和废旧材料回收加工业"(代码 43)。烟草制品业的生产和销售一直以来受到政府的严格管制,并且未对外资开放;废弃资源和废旧材料回收加工业中的绝大多数 4 位代码在 2002 版的国民经济行业分类中被归入其他两位行业代码。因此,这两个行业中可供研究的企业样本很少。第二,由于 2004 年的工业企业数据缺失重要指标"工业增加值",因此删除该年份的数据。第三,参考 Feenstra 等(2014)和聂辉华等(2012)的方法对样本进行如下处理:删除工业增加值、工业销售产值、固定资产净值年平均余额、从业人员年平均人数等关键指标缺失及异常的样本企业;删除企业职工人数小于 8 的样本企业;删除流动资产总值＞总资产、固定资产总值＞总资产、固定资产净值＞总资产等不符合会计准则的样本企业;删除企业成立年份无效的样本企业。第四,本节在研究出口产品转换行为时,不考虑出口企业的进入和退出,只考察持续出口企业,即连续两年均存在于出口市场的企业。通过使用企业代码进行跨期匹配,得到制造业出口企业 5 年共计 143 625 个样本观测值。

4.3.3　计量模型与变量说明

为了考察制造业出口企业的出口产品转换行为对企业生产率的影响,计量模型设定如下:

$$\ln \text{TFP}_{it} = \alpha + \beta_1 \text{Add}_{it} + \beta_2 \text{Drop}_{it} + \beta_3 \text{Add\_Drop}_{it} +$$
$$\eta X_t + v_j + v_k + v_t + \varepsilon_{ijt} \tag{4-3}$$

其中,下标 i、j、k 和 t 分别表示企业、行业、地区和年份。被解释变量为企业的全要素生产率(TFP),使用 Olley-Pakes 方法(OP 方法)测算得到;解释变量 Add、Drop 和 Add_Drop 为二值虚拟变量,分别代表企业仅新增、仅淘汰和同时新增以及淘汰出口产品的行为;v_j、v_k 和 v_t 分别表示行业、地区和年份固定效应,用来控制因行业、地区而不同以及随时间而改变的特征因素对企业生产率的影响;ε 为随机扰动项。根据已有研究,选取控制变量 X 的集合如下:

$$X = \gamma_1 \ln \text{klratio} + \gamma_2 \text{medium} + \gamma_3 \text{large} + \gamma_4 \text{age} + \gamma_5 \text{soe} +$$
$$\gamma_6 \text{foreign} + \gamma_7 \ln \text{subsidy} + \gamma_8 \ln \text{finance} \tag{4-4}$$

其中,klratio 表示企业资本密集度;age 表示企业年龄;soe 和 foreign 为虚拟变量,分别表示国有企业和外资企业;subsidy 表示政府补贴;finance 表示融资约束。为了控制企业规模的影响,将企业按照当年工业销售产值由小到大进行三等分,分别定义为小型企业、中型企业和大型企业,medium 和 large 分别表示中型企业和大型企业的虚拟变量。表4-3列出了各变量的预期符号与定义方法。

在所有变量当中,关键变量为表示出口产品转换行为的三个解释变量,因此对其构造方法做进一步的说明。连续两年出口的企业,从 $t-1$ 年到 t 年其出口产品变化可以分成如下四种情况:不改变原有出口产品组合,仅新增出口产品,仅淘汰出口产品,同时新增和淘汰出口产品。若企业 i 在 t 年(相对于 $t-1$ 年,下同)仅新增了出口产品,Add取值为1,否则为0;若企业 i 在 t 年仅淘汰了出口产品,Drop取值为1,否则为0;若企业 i 在 t 年同时新增和淘汰了出口产品,Add_Drop取值为1,否则为0。综上,回归中的缺省组为没有发生出口产品转换行为的企业, β_1 、 β_2 和 β_3 分别衡量了仅新增、仅淘汰、同时新增和淘汰出口产品的企业与不改变出口产品的企业生产率之间的差异。

表 4-3   变量定义明细表

变量类型	变量名称	变量标识	预期符号	定义或说明
被解释变量	全要素生产率	TFP		使用OP方法测算得到的企业层面生产率
解释变量	仅新增	Add	+	企业仅新增出口产品时取1,否则取0
	仅淘汰	Drop	+	企业仅淘汰出口产品时取1,否则取0
	同时新增和淘汰	Add_Drop	+	企业同时新增和淘汰出口产品时取1,否则取0
控制变量	资本密集度	klratio	+	以2000年为基期的固定资产投资价格指数平减后的固定资产年平均余额/从业人员年平均人数
	中型企业	medium	+	当企业规模为中型企业时取1,否则取0
	大型企业	large	+	当企业规模为大型企业时取1,否则取0
	企业年龄	age	?	当年年份－企业成立年份＋1
	国有企业	soe	－	当企业为国有企业时取1,否则取0
	外资企业	foreign	?	当企业为外资企业时取1,否则取0
	政府补贴	subsidy	?	补贴收入/工业增加值
	融资约束	finance	－	流动负债/流动资产

4.3.4　基准回归结果

表 4-4 报告了出口产品转换行为对企业生产率影响的基准回归结果。第
(1)列仅包含三个解释变量,第(2)～(5)列逐步引入各个控制变量,第(6)列则是
包含所有变量的整体回归结果。对比各列结果,除了企业仅淘汰出口产品变量
(Drop)之外,其他各变量的系数符号和显著性均未发生实质性改变。

表 4-4　模型基准回归结果

	(1)	(2)	(3)	(4)	(5)	(6)
Add	0.029 7***	0.029 9***	0.009 5***	0.005 7**	0.007 3**	0.008 9***
	(9.648)	(9.715)	(3.308)	(2.007)	(2.555)	(2.978)
Drop	0.012 6***	0.012 8***	0.000 2	0.002 8	0.003 7	0.002
	(3.784)	(3.843)	(0.056 6)	(0.924)	(1.215)	(0.611)
Add_Drop	0.057 1***	0.057 8***	0.015 4***	0.015 5***	0.016 9***	0.018 3***
	(21.91)	(22.17)	(6.278)	(6.364)	(6.965)	(7.181)
ln klratio		−0.006 6***	−0.031 4***	−0.031 7***	−0.031 5***	−0.028 1***
		(−8.620)	(−43.46)	(−44.18)	(−44.05)	(−36.98)
medium			0.179***	0.182***	0.182***	0.180***
			(82.46)	(84.45)	(84.65)	(79.96)
large			0.337***	0.352***	0.353***	0.350***
			(147.0)	(153.3)	(154.1)	(145.6)
age				−0.004 7***	−0.003 3***	−0.003 4***
				(−47.24)	(−30.04)	(−28.24)
soe					−0.190***	−0.160***
					(−28.64)	(−21.70)
foreign					0.012 2***	−0.010***
					(6.038)	(−4.727)

表4-4(续)

	(1)	(2)	(3)	(4)	(5)	(6)
ln subsidy						-0.610^{***}
						(-27.93)
ln leverage						$-0.050\ 8^{***}$
						(-46.37)
行业效应	Yes	Yes	Yes	Yes	Yes	Yes
地区效应	Yes	Yes	Yes	Yes	Yes	Yes
年份效应	Yes	Yes	Yes	Yes	Yes	Yes
Adjusted R^2	0.165	0.165	0.273	0.284	0.294	0.309
观测值	143 625	143 625	143 625	143 625	143 625	143 625

注:括号内为回归系数的 t 统计量。＊＊＊表示在1%的显著性水平上显著。

解释变量方面,企业仅新增出口产品行为(Add)与同时新增和淘汰出口产品行为(Add_Drop)的估计系数都显著为正,说明上述两种出口产品转换行为显著提升了企业的生产率。相比较而言,后者的估计系数大于前者,说明企业同时新增和淘汰出口产品的行为对生产率的促进作用大于仅新增出口产品。出口企业通过不断调整出口产品组合以适应国外市场,企业的这种"破坏性创造"行为对提高企业生产率具有重要影响。另外,企业仅淘汰出口产品的行为(Drop)对企业生产率并无显著影响,其原因可能在于,企业仅淘汰而不同时新增产品的行为在短期内无法实现资源在企业内部的重新配置,因而无法有效提升企业的生产率。

控制变量方面,除了资本密集度(klratio)的估计系数符号与预期不相符以外,其他变量的估计系数结果均与预期一致且在1%的统计水平上显著。中型企业(medium)和大型企业(large)的估计系数显著为正且后者大于前者,说明规模越大的企业生产率越高,体现了规模经济的作用。企业年龄(age)对生产率具有显著的负向影响,表明随着企业年龄的增长,硬件设施老化、创新激励不足、成本负担严重等问题超越了"干中学"带来的积极影响,成为阻碍企业生产率提升的因素。国有企业(soe)和外资企业(foreign)的估计系数均显著为负。国有企业一直以来受政府保护,长期面临技术落后、创新能力差、经营效率低等问题,因此生产率普遍较低。余森杰等(2014)使用 2000—2006 年企业-海关数据研究了中国出口企业的"生产率之谜",结果表明,我国外资企业的加工密集度非常高,外资企业出口额中的 75% 为加工贸易。笔者认为,加工贸易企业的低生产率是导致外资企业生产率普遍较低的主要原因。政府补贴(subsidy)对企业生产率的影响显著为负,表明政府对企业的补贴并未起到激励企业进行科研创新的作用,反而抑制了企业改革创新的动力。融资约束(finance)的估计系数显著为负,与预期一致。融资约束由企业的负债资产比表示,该比值越大意味着企业的再融资能力越弱,一定程度上限制了生产率的提高。

4.3.5　内生性问题:工具变量法

在研究产品转换与企业生产率关系的文献中,产品转换的内生性问题一直受到广泛关注。Bernard 等(2010)的研究指出,初始生产率高的企业能够赚取更高的利润用以支付新产品的沉没成本,因此更有可能改变产品范围。工具变量两阶段最小二乘法(2SLS)是处理内生性问题的一种有效手段,参考现有文献的普遍做法,使用出口产品转换行为变量的一期滞后项(即 Add_{t-1},$Drop_{t-1}$,Add_Drop_{t-1})作为工具变量来处理模型的内生性问题。2SLS 的估计结果如表 4-5 所示。

表 4-5　工具变量回归结果

	(1)		(2)	
Add	0.009 7	(0.293)	0.013 5	(0.414)
Drop	−0.059 6***	(−2.914)	−0.065 9***	(−3.250)
Add_Drop	0.128***	(10.73)	0.090 3***	(7.525)
ln klratio			−0.046 9***	(−46.80)
medium			0.166***	(48.58)
large			0.315***	(83.68)
age			−0.003 6***	(−14.04)
soe			−0.132***	(−8.572)
foreign			−0.013 3***	(−4.685)
ln subsidy			−0.709***	(−9.148)

表4-5(续)

	(1)		(2)	
ln leverage			−0.045 3***	(−25.62)
常数项	−0.046 2***	(−13.16)	0.032 3***	(17.59)
行业效应	Yes		Yes	
地区效应	Yes		Yes	
年份效应	Yes		Yes	
D-W-H 内生性检验	190.939 [0.000 0]		92.667 [0.000 0]	
Kleibergen-Paap rk LM 统计量	929.957 [0.0000]		781.642 [0.0000]	
Kleibergen-Paap Wald rk F 统计量	321.213 {7.03}		270.153 {7.03}	
Anderson-Rubin Wald 统计量	742.38 [0.0000]		346.47 [0.0000]	
Stock-Wright LM S 统计量	734.11 [0.0000]		344.46 [0.0000]	
Adjusted R² 或 Centered R²	0.003		0.141	
观测值	92 475		78 435	

注:( )内数值为回归系数的 t(z)统计量;[ ]内数值为相应统计量的 p 值。***表示在1%的显著性水平上显著。

使用工具变量法的前提是存在内生解释变量,Durbin-Wu-Hausman 检验在1%的显著性水平上拒绝了所有变量均为外生的原假设,这表明出口产品转换行为变量确实存在内生性。工具变量的有效性方面,Anderson 和 Rubin(1949)的 Wald 统计量以及 Stock 和 Wright(2000)的 S 统计量均在1%的显著性水平上拒绝了"内生回归系数之和等于零"的原假设;Kleibergen 和 Paap(2006)的 LM 统计量在1%显著性水平上拒绝了"工具变量不可识别"的原假设;Kleibergen 和 Paap(2006)的 Wald rk F 统计量远大于 Stock-Yogo(2005)检验10%水平上的临界值,从而拒绝了"工具变量为弱工具变量"的原假设。所有上述统计检验都验证了所选取工具变量的合理性。

对比表 4-5 第(2)列和表 4-4 第(6)列的结果发现,在控制了出口产品转换行为的内生性之后,主要解释变量估计系数的符号和显著性发生了明显变化,这说明不使用工具变量的回归结果确实是有偏的。Add 变量的估计系数为正,但没有通过 10% 水平的显著性检验。Drop 变量的估计系数显著为负,说明企业仅淘汰出口产品的行为显著降低了企业的生产率。Add_Drop 变量的估计系数显著为正,且数值大于 OLS 估计值,进一步证明企业同时新增和淘汰出口产品以适应国外市场的行为对企业的生产率具有显著促进作用。

4.3.6　分组回归结果

为了探讨企业的差异化特征对估计结果的影响,下面分别按照所有权属性和贸易方式对样本进行分组估计。

(1) 本土企业和外资企业

考虑到企业不同的所有制属性,将样本企业分为本土企业和外资企业,其中外资企业包括港澳台投资企业和外商投资企业。工具变量 2SLS 的估计结果如表 4-6 所示。结果显示,出口产品转换行为对本土企业和外资企业的生产率具有不同影响。本土企业仅新增(Add)和仅淘汰(Drop)出口产品的行为对企业生产率均无显著影响;外资出口企业仅新增(Add)和仅淘汰(Drop)出口产品的行为对生产率具有负面影响,其中仅淘汰出口产品的行为显著降低了企业的生产率。

另外,企业同时新增和淘汰出口产品的行为(Add_Drop)对本土企业和外资企业的生产率都起到了显著促进作用,其中本土企业样本的估计系数值大于外资企业,说明同时新增和淘汰出口产品的行为对本土出口企业的影响更大。其原因可能在于,我国大部分的外资企业从事加工贸易生产,如前所述,加工贸易方式下出口产品调整对企业生产率的促进作用有限。而本土企业的出口产品转换行为是企业为了更好适应国外市场而将内部资源在不同产品之间进行的重新配置,这种行为对企业生产率具有更强的促进作用。

表 4-6　所有权属性分组回归结果

	本土企业		外资企业	
Add	0.056 5	(0.909)	−0.009 6	(−0.249)
Drop	−0.009 4	(−0.261)	−0.098 3***	(−4.015)

表4-6(续)

	本土企业		外资企业	
Add_Drop	0.097 1***	(3.776)	0.085 7***	(6.362)
ln klratio	−0.056 7***	(−24.84)	−0.044 6***	(−39.90)
medium	0.176***	(25.45)	0.162***	(41.33)
large	0.319***	(41.83)	0.313***	(72.05)
age	−0.003 8***	(−13.32)	−0.004 5***	(−12.46)
ln subsidy	−0.793***	(−6.835)	−0.677***	(−6.592)
ln leverage	−0.066 4***	(−15.78)	−0.040 6***	(−20.64)
常数项	0.042 5***	(13.18)	0.029 0***	(13.04)
行业效应	Yes		Yes	
地区效应	Yes		Yes	
年份效应	Yes		Yes	
D-W-H 内生性检验	25.650 [0.0000]		90.674 [0.0000]	
Kleibergen-Paap rk LM 统计量	224.501 [0.0000]		557.399 [0.0000]	
Kleibergen-Paap Wald rk F 统计量	77.344 {7.03}		192.811 {7.03}	
Anderson-Rubin Wald 统计量	68.70 [0.0000]		284.39 [0.0000]	
Stock-Wright LM S 统计量	68.34 [0.0000]		282.68 [0.0000]	
Adjusted R^2 或 Centered R^2	0.160		0.130	
观测值	23 196		55 239	

注:( )内数值为回归系数的 $t(z)$ 统计量;[ ]内数值为相应统计量的 p 值;{ }内为 Stock-Yogo 检验在10%水平上的临界值。***表示在1%的显著性水平上显著。

（2）一般贸易企业、加工贸易企业和混合企业

区分加工贸易企业与一般贸易企业对于研究中国出口企业的表现至关重要（戴觅等,2014）。中国海关数据库提供了每条出口交易的贸易方式,可以归纳为一般贸易和加工贸易两类。在此基础上,将样本企业分为三类:一般贸易企业（仅从事一般贸易出口）、加工贸易企业（仅从事加工贸易出口）和混合企业（同时从事一般贸易与加工贸易出口）。

按贸易方式分类的工具变量2SLS估计结果如表4-7所示。结果表明,出口产品转换行为对不同贸易方式企业生产率的影响具有明显差异。首先,对于仅从事加工贸易的出口企业,出口产品转换行为的估计系数全部为负,表明任何调整现有出口产品组合的行为都会降低企业的生产率。可能的解释为,加工贸易企业接受国外订单进行生产和出口,出口产品在合同期内具有稳定性。这些企业调整出口产品的原因往往是被动接受订单或合同的变化,而非主动变更经营决策或资源配置。另外,加工贸易企业难以接触到发达国家先进的核心技术和生产工艺,无法完整了解和掌握产品价值链上研发和核心技术等环节的知识,无法通过出口学习效应提升企业的生产率。与此相反,一般贸易企业出口产品转换行为的估计系数均为正,其中仅新增与同时新增和淘汰出口产品的行为显著提高了企业的生产率。不同于加工贸易企业的被动调整,一般贸易企业为了更好地适应国外市场而主动将资源在不同出口产品之间进行配置,这种产品转换行为对企业的生产率具有明显的促进作用。混合企业的估计结果介于前两者之间,仅新增和仅淘汰出口产品的行为对企业生产率具有阻碍作用,而同时新增和淘汰出口产品则显著提升了企业的生产率。

表 4-7　贸易方式分组回归结果

	一般贸易企业		加工贸易企业		混合企业	
Add	0.073 8	(1.593)	−0.287***	(−3.447)	−0.034 9	(−0.578)
Drop	0.013 7	(0.540)	−0.136***	(−2.894)	−0.124***	(−2.822)
Add_Drop	0.104***	(5.755)	−0.034 7	(−1.461)	0.049 7*	(1.732)
ln klratio	−0.054 5***	(−36.47)	−0.052 1***	(−21.48)	−0.044 6***	(−30.84)
medium	0.177***	(39.62)	0.173***	(22.89)	0.161***	(29.47)
large	0.327***	(62.71)	0.360***	(39.77)	0.324***	(56.25)

表4-7(续)

	一般贸易企业		加工贸易企业		混合企业	
age	−0.003 8***	(−11.89)	−0.002 8***	(−3.953)	−0.001 8***	(−6.169)
soe	−0.149***	(−9.106)	−0.252***	(−3.306)	−0.159***	(−6.157)
foreign	0.033 7***	(9.716)	−0.034 4**	(−2.057)	0.004 0	(0.739)
ln subsidy	−0.707***	(−9.213)	−0.359	(−1.493)	−0.797***	(−5.538)
ln leverage	−0.061 2***	(−22.52)	−0.018 4***	(−5.429)	−0.0498***	(−19.39)
行业效应	Yes		Yes		Yes	
地区效应	Yes		Yes		Yes	
年份效应	Yes		Yes		Yes	
D-W-H 内生性检验	33.451 [0.0000]		17.683 [0.0005]		32.196 [0.0000]	
Kleibergen-Paap rk LM 统计量	361.919 [0.0000]		114.773 [0.0000]		301.117 [0.0000]	
Kleibergen-Paap Wald rk F 统计量	124.686 {7.03}		39.220 {7.03}		103.445 {7.03}	
Anderson-Rubin Wald 统计量	142.55 [0.0000]		28.20 [0.0000]		97.46 [0.0000]	
Stock-Wright LM S 统计量	141.66 [0.0000]		28.12 [0.0000]		97.12 [0.0000]	
Adjusted R^2	0.188		0.097		0.132	
观测值	41 180		15 341		34 566	

注:( )内数值为回归系数的 $t(z)$ 统计量;[ ]内数值为相应统计量的 p 值。*、**、*** 分别表示在 10%、5%、1% 的显著性水平上显著。

4.4 本章小结

随着国际竞争环境日趋激烈,以出口贸易为主的中国制造业正面临愈加不稳定的外部环境和竞争危机,通过提高企业内产品的转换行为引导企业内资源从低效率产品转向高效率产品成为制造业出口企业增强自身核心竞争力的关键。本章使用2000—2006年中国工业企业数据与海关进出口数据的合并数据,选取其中的制造业出口企业为研究样本,对出口产品转换行为影响企业生产率的方式进行了实证检验。研究结果表明,出口产品转换行为对生产率的影响随产品转换方式而不同。企业仅淘汰出口产品的行为显著降低了企业的生产率,企业同时新增和淘汰出口产品的行为对企业的生产率具有显著促进作用,而企业仅新增出口产品的行为对生产率没有显著影响。从不同贸易方式分组来看,出口产品转换对一般贸易企业和加工贸易企业的生产率有着截然不同的影响。加工贸易企业出口具有"订单导向"特征,企业只需按照事先约定的订单要求完成产品的加工和组装,出口产品无法自由转换,被动调整出口产品的行为反而阻碍了企业生产率的提高。与之相反,一般贸易企业出口反映了"市场导向",企业调整出口产品以积极适应国外市场环境变化的行为对企业的生产率具有显著促进作用。从所有权属性分组来看,同时新增和淘汰出口产品的行为对本土企业和外资企业的生产率都起到了显著促进作用。由于外资企业大多从事加工贸易生产,出口产品转换对本土企业的影响相对更大。

长期的经济增长很大程度上取决于生产率的进步,本章的研究结果在政策方面具有如下启示:第一,在制定贸易政策时应鼓励企业的出口产品转换行为,促进贸易结构升级。企业内的产品转换行为被认为是企业内部"破坏性创造"进程的一部分,企业可以通过这种"资源重置效应"提高自身生产率。因此,在面临国际市场环境变化时,应鼓励企业通过新增或淘汰出口产品引导资源在企业内部由低效率产品向高效率产品进行重新配置,以提高企业在国际市场的竞争力。第二,着力推进加工贸易转型升级,促进中国出口企业生产率的提高。加工贸易企业受制于国外加工订单而被动进行的出口产品转换行为不利于资源的优化配置,阻碍了企业生产率的提高。因此,应加快出口增长模式转变,大力推进加工贸易企业转型升级。在限制低技术含量和低附加值加工贸易的同时,大力鼓励高精尖加工贸易的发展,引导加工贸易企业从单纯加工向高附加值的价值链中高端制造环节、零部件配套环节和自主研发环节延伸。

第 5 章

贸易自由化与出口产品转换行为:
以中国-东盟自由贸易区为例

5.1   引言

自改革开放以来，中国一直在贸易自由化的道路上稳步前行。在经历了一系列对外贸易政策与体制的深入改革之后，中国于 2001 年正式加入世界贸易组织。此后，中国一直全面忠实地履行入世承诺，大幅削减关税和非关税壁垒，贸易自由化的程度不断加深。在积极融入全球经济的同时，中国政府也努力推进区域经济合作，加快实施自贸区战略是中国新一轮对外开放的重要内容。

毋庸置疑，贸易自由化将对一国的对外贸易和经济福利产生深远的影响。大量研究表明，贸易自由化同样会影响微观企业的出口行为，其中就包括出口产品的转换行为。出口产品的转换行为是指出口产品进入和（或）退出企业的行为。贸易自由化对出口产品的转换行为究竟有怎样的影响，答案是不确定的。一方面，贸易自由化使出口企业有机会学习国外先进的生产工艺和管理经验（学习效应），有利于提升企业的生产效率和市场竞争力，增强企业打破原有产品格局、重新配置资源的能力，从而促进企业的产品转换行为。Iacovone 等（2010）利用散点图揭示了贸易自由化对出口产品转换行为的影响，结果表明，美国对墨西哥进口产品的关税下降促使墨西哥企业在美国市场新增更多出口产品种类。亢梅玲等（2016）研究发现，中国加入 WTO 后中间投入品的关税大幅下降，企业可以以更低的成本获得更高质量、更加多样化的中间投入品，这种"成本效应"显著促进了企业淘汰以及同时新增和淘汰出口产品的行为。

另一方面，贸易自由化也可能对出口产品转换行为产生抑制作用。国内外理论和经验研究的结果普遍表明,关税水平的下降和市场竞争程度的加剧(竞争效应)会显著提高企业出口的集中程度。Bernard 等(2011)以"加美自由贸易协定"作为自然实验,使用双重差分法研究发现,关税下降会促使企业集中资源生产最为"成功"的核心产品。Mayer 等(2014)研究发现,贸易开放会促使企业提高市场获利能力强的核心出口产品在企业总出口中的比重,即多产品企业在内部资源配置上存在"倾斜效应"(skewness-effect)。钱学锋等(2013)、汪颖博等(2017)、亢梅玲等(2017)对中国多产品出口企业出口行为的研究也得出了相似的结论。企业出口放弃"大而全"转为"少而精",意味着企业将资源向优势出口产品集中,这势必会抑制新的出口产品种类进入市场。同时,亢梅玲等(2016)也指出,贸易自由化带来的"学习效应"有助于企业改进原有产品的生产技术,提高原有产品的存活率和市场适应能力,因此减少了出口产品退出企业的行为。

本章以中国-东盟自由贸易区(China and ASEAN Free Trade Area,CAFTA)(简称"中国-东盟自贸区")的建设作为准自然实验来识别贸易自由化,考察CAFTA 对出口产品转换行为的影响。2002 年 11 月 4 日,中国与东盟 10 国共同签署了《中国-东盟全面经济合作框架协议》,这标志着 CAFTA 正式开始建设。此后,中国与东盟各国开始分阶段减免关税,经过 2004 年的"早期收获计划"和 2005 年的货物贸易协议,约 600 项农产品的关税降为零,7 000 多种商品的关税大幅下降。2010 年 1 月 1 日,CAFTA 全面建成,东盟成为中国主要的贸易伙伴和出口市场。新市场的开辟激发了企业出口到东盟的积极性。笔者利用2002—2006 年的海关进出口数据计算得到,我国出口到东盟的企业数量由 2002年的 28 271 家增加至 2006 年的 64 859 家,平均增长速度为 23.11%。同时,伴随着产品关税的逐步下降,企业出口到东盟的产品种类的数量总体也呈上升趋势,特别是在 2003 年后出现了大幅增长。然而,出口产品种类的数量仅从静态角度揭示了企业的出口行为,却无法衡量出口产品的动态变化。例如,企业与前一年相比出口产品种类的数量增加了 1 种,这可能是企业新增 6 种并同时淘汰5 种出口产品的结果。

综上所述,本章以中国-东盟自贸区的建立作为准自然实验,使用双重差分法研究贸易自由化对出口产品进入和退出企业行为的影响。主要研究结论是:贸易自由化显著减少了企业新增和淘汰出口产品种类的数量,稳定了出口产品组合。本章可能的贡献在于:国内研究 CAFTA 的文献多采用可计算一般均衡(CGE)或全球贸易分析(GTAP)模拟自贸区的贸易和经济效应,或使用引力模型分析 CAFTA 对贸易流量、贸易结构等宏观变量的影响(曹亮等,2013;曹亮等,2010;陈雯,2009),却鲜有文献研究 CAFTA 在微观企业层面的效应。本章使用微观企业数据，基于出口产品动态视角研究贸易自由化对企业出口行为的影响，以期为加快实施自贸区战略的政策制定提供微观基础。

5.2　研究设计

5.2.1　计量模型与研究方法

本章以中国-东盟自贸区的建立作为准自然实验，研究贸易自由化对企业内出口产品转换行为的影响。在研究出口产品的转换行为时，不考虑企业进入或退出出口市场导致的产品变化（不将新进入市场企业的全部出口产品视为新增出口产品，也不将退出市场企业的全部出口产品视为退出出口产品），只研究持续出口企业内产品的进入和退出行为。鉴于此，本章以研究期间内连续出口的企业作为研究样本，并以其中持续出口到东盟国家的企业作为处理组，剩余的企业作为对照组。使用的计量方程如下：

$$\text{Add}_{ft} = \beta_0 + \beta_1 \text{ASEAN}_f + \beta_2 \text{post}_t + \beta_3 \text{ASEAN}_f \times \text{post}_t + \gamma X_{ft} + \delta_f + \varepsilon_{ft}$$

$$(5\text{-}1)$$

$$\text{Drop}_{ft} = \beta_0 + \beta_1 \text{ASEAN}_f + \beta_2 \text{post}_t + \beta_3 \text{ASEAN}_f \times \text{post}_t + \gamma X_{ft} + \delta_f + \varepsilon_{ft}$$

$$(5\text{-}2)$$

其中，下标 f 和 t 分别表示企业和年份。方程(5-1)中的被解释变量 Add 表示与 $t-1$ 年相比，企业在 t 年新增出口产品种类的数量；类似地，方程(5-2)中的被解释变量 Drop 表示企业即将在 $t+1$ 年停止出口的产品种类的数量。ASEAN 为区分处理组与对照组的分组虚拟变量，若企业出口到东盟国家则取值为 1，否则取值为 0。post 为反映中国-东盟自贸区建设进程的时间虚拟变量，考虑到中国于 2002 年年底加入 CAFTA，以 2003 年作为时间节点，2003 年以前 post 取值为 0，2003 年及以后 post 取值为 1。ASEAN 和 post 的交叉项即为双重差分估计量，反映了 CAFTA 对于出口产品进入和退出企业行为的影响效果。X 为控制变量集合，具体包括企业的出口产品范围（Scope）、出口规模（Scale）、出口集中度（Concent）和贸易方式（Process），δ_f 控制了企业固定效应，ε_{ft} 为随机误差项。

本章使用的研究方法为双重差分法，该方法通过两次差分（对时间和组别分别差分）来研究某项政策的实施对被解释变量影响的方向及显著性。就本研究而言,CAFTA 的建立一方面造成我国出口到东盟国家企业的行为在该政策实施前后的差异,另一方面又产生了同一时点上出口到东盟国家的企业和出口到东盟以外国家和地区的企业之间的差异。基于上述双重差异进行的估计可以有效避免共时性因素的影响以及两组企业的事前差异,从而得到对政策实施效果的无偏估计。

具体来说,双重差分估计量 ASEAN×post 的取值将样本分为 4 组:中国-东盟自贸区建立前出口到东盟国家的企业(ASEAN=1,post=0)、中国-东盟自贸区建立后出口到东盟国家的企业(ASEAN=1,post=1)、中国-东盟自贸区建立前出口到东盟以外国家和地区的企业(ASEAN=0,post=0)和中国-东盟自贸区建立后出口到东盟以外国家和地区的企业(ASEAN=0,post=1)。对于对照组(ASEAN=0),加入中国-东盟自贸区前后企业出口产品种类的数量的变化为 β_2;对于处理组(ASEAN=1),加入中国-东盟自贸区前后企业出口产品种类的数量的变化为 $\beta_2+\beta_3$。因此,贸易自由化的净影响为 β_3,即双重差分估计量的系数。如果该系数显著为正,则说明贸易自由化对出口产品的进入或退出行为有正向影响;反之则有负向影响。

5.2.2　关于研究方法的适用性检验

使用基于"准自然实验"的双重差分模型估计政策实施效果时,必须满足一定的基本假设。陈林等(2015)在评述国内双重差分研究的部分代表性文献时指出,双重差分研究必须满足实验分组随机、实验时间随机、对照组不受实验影响等基本条件。尤其是前两点,如果随机分组与随机事件的假设得不到满足,将导致严重的政策内生性问题。另外一个关键是找到一个"合适"的对照组(郑新业等,2011),即处理组与对照组的被解释变量在实验前应当具有相同的变化趋势。为了检验本研究是否满足双重差分模型的基本假设,进行如下两项检验:

(1)检验一:处理组与对照组的划分是否随机

在使用双重差分法评估政策实施效果时,处理组与对照组的划分标准必须是随机的。如果分组标准非随机,而是与被解释变量存在系统性相关,将会导致处理组与对照组被解释变量之间的差异来自分组本身,而非政策冲击。例如,白重恩等(2011)以出口退税政策作为准自然实验,考察该政策对于某类商品出口增长的影响。然而,出口退税政策的实施旨在控制"两高一资"产品的出口过快增长,也就是说,被政府选入处理组的全部为劳动和资源密集型行业,这些行业本身的出口增长率就较高。由此可见,一旦样本选择与分组存在明显的目的性而非随机,将会导致被解释变量与双重差分估计量之间严重的政策内生问题。

此外,在分组时应确保对照组不受到政策实施的影响。汪颖博等(2017)以中国-东盟自贸区为准自然实验,考察该事件对于一系列企业出口行为变化的影响。在对出口企业进行分组时,以出口到东盟国家份额的中位数作为分组标准,高于中位数的作为处理组,低于中位数的作为对照组。然而,中国-东盟自贸区的建立对所有出口到东盟的企业均有影响,因此该研究的对照组样本全部受到了政策实验的影响。此外,该研究的部分被解释变量,如出口数量、出口产品范围和出口集中度,与分组变量出口到东盟的份额之间存在相关性,因此亦不满足随机分组的假设。

本章以中国-东盟自贸区的建立为准自然实验,以出口到东盟国家的企业作为处理组,以出口到东盟以外国家或地区的企业作为对照组。首先,中国-东盟自贸区建立的主要目的在于通过大幅下调产品关税、降低贸易成本以促进中国与东盟各国之间的贸易与投资往来。因此,该政策将主要对与东盟国家存在贸易联系的出口企业产生影响。换言之,出口到东盟以外国家或地区的企业(对照组)不会受到该政策的影响。其次,由中央政府实施的自贸区建设决策应当可以被视为外生,该政策使得出口企业仿佛随机地被分配到处理组(出口到自贸区)和控制组(不出口到自贸区)。

(2)检验二:处理组与对照组在政策实施前出口产品进入和退出的变化趋势是否相同

为了使对照组成为处理组的一个有效且适当的参考系,处理组与对照组在实验开始前应当具有一致的发展趋势。因此,分别计算处理组和对照组历年新增产品种类的数量和淘汰出口产品种类的数量的组内均值,其变化趋势如图 5-1 所示。其中,图 5-1(a)反映了企业平均每年新增出口产品种类的数量随时间的变化趋势,图 5-1(b)反映了平均每年退出企业的出口产品种类的数量随时间的变化趋势。可以看到,在政策实施(2003 年)以前,两组出口产品进入和退出的变化趋势基本相同。

进一步地,分别选取新进入企业出口产品种类的数量的差分值和退出企业出口产品种类的数量的差分值作为被解释变量,以分组虚拟变量(ASEAN)作为解释变量,同时控制企业的出口产品范围、出口规模和贸易方式,对 2003 年以前的样本进行回归,回归结果如表 5-1 所示。从结果来看,处理组和对照组在政策实施以前并没有显著的差异,分组随机性的结论得到了进一步支持。

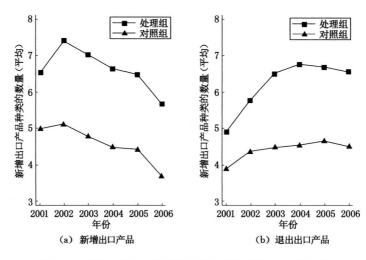

（a）新增出口产品　　　　　　　（b）退出出口产品

图 5-1　出口产品进入和退出的变化趋势（2000—2006 年）

表 5-1　政策实施前处理组与对照组出口产品进入和退出行为差异

	新增出口产品种类的数量差分值	退出出口产品种类的数量差分值
ASEAN	-0.686^{*} (-1.730)	-1.347 (-0.983)
常数项	-0.900 (-1.625)	0.403 (1.311)
观测值	26 511	53 022
R^2	0.024	0.066

注:括号内为回归系数的 t 统计量。* 表示在 10% 的显著性水平上显著。

5.3　数据来源与处理

本章使用的数据来源于 2000—2006 年的中国海关数据库,该数据库按月详细记录了每家出口企业出口 HS-8 位编码产品的具体信息,包括每笔交易的出口价值、出口数量、单位价值、出口目的地、贸易方式、出口海关、运输方式、中转地等。为了避免季节性因素的影响,将月度数据加总为年度数据,并剔除包含缺失值的样本企业。如前所述,在研究出口产品进入和退出企业的行为时,我们只考虑持续出口企业,通过使用企业代码进行跨期匹配,得到研究期间内持续出口企业样本共 26 511 家。其中,出口到东盟的企业共 5 825 家,作为处理组;剩下的 20 686 家出口企业在样本期间内从未出口到东盟市场,作为对照组。

本章以 HS-8 位编码定义出口产品,以每年新进入(与前一年相比)和即将退出(与后一年相比)企业的出口产品种类的数量来衡量产品的进入和退出。具体来说,方程(5-1)中的被解释变量 Add_{jt} 定义为企业在 $t-1$ 年不出口、t 年出口的产品种类的数量,方程(5-2)中的被解释变量 Drop_{jt} 定义为企业在 t 年出口、$t+1$ 年停止出口的产品种类的数量。考虑到样本区间为 2000—2006 年,方程(5-1)中 $t \in [2001,2006]$,而方程(5-2)中 $t \in [2000,2005]$。控制变量方面,出口产品范围(Scope)用企业出口 HS-8 位编码产品的数量表示,出口金额(Scale)用企业出口的总价值取对数来测度。出口集中度(Concent)的计算公式为:

$$\text{Concent} = \sum\nolimits_{p \in P} \left(\text{exports}_p \Big/ \sum\nolimits_{p \in P} \text{exports}_p \right)^2$$

其中,exports_p 表示企业出口某种产品 p 的金额,P 为该企业所有出口产品种类的集合。该指标反映了企业出口的集中程度,其值越大表明企业越专注于出口核心优势产品。贸易方式(Process)为二值虚拟变量,如果企业从事加工贸易出口则取值为 1,否则为 0。表 5-2 和表 5-3 分别给出了方程(5-1)和(5-2)中主要变量的统计描述。

表 5-2　出口产品进入行为研究的主要变量描述(2001—2006 年)

变量	观测值	均值	标准差	最小值	最大值
新增出口产品种类的数量(Add)	159 066	5.02	16.57	0	1 434
分组虚拟变量(ASEAN)	159 066	0.22	0.41	0	1
时间虚拟变量(post)	159 066	0.67	0.47	0	1
双重差分估计量(ASEAN×post)	159 066	0.15	0.35	0	1
出口产品范围(Scope)	159 066	20.46	70.23	1	2 484
出口规模(Scale)	159 066	14.19	1.98	1.39	23.64
出口集中度(Concent)	159 066	0.61	0.31	0	1
贸易方式(Process)	159 066	0.61	0.49	0	1

表 5-3　出口产品退出行为研究的主要变量描述(2000—2005 年)

变量	观测值	均值	标准差	最小值	最大值
退出出口产品种类的数量(Drop)	159 066	4.80	15.97	0	1 086
分组虚拟变量(ASEAN)	159 066	0.22	0.41	0	1
时间虚拟变量(post)	159 066	0.50	0.50	0	1
双重差分估计量(ASEAN×post)	159 066	0.11	0.31	0	1
出口产品范围(Scope)	159 066	19.94	68.10	1	1 772
出口规模(Scale)	159 066	14.08	1.98	1.39	23.38
出口集中度(Concent)	159 066	0.61	0.31	0	1
贸易方式(Process)	159 066	0.61	0.49	0	1

5.4　基准回归结果

方程(5-1)的回归结果如表 5-4 所示。其中,第(1)列为混合 OLS 回归的估计结果,第(2)列为控制了企业固定效应的回归结果。从结果来看,双重差分估计量(ASEANZ×post)的回归系数均显著为负,表明 CAFTA 的建立对出口产品进入企业的行为有显著负向影响:出口到东盟的企业在 CAFTA 建立之后新增出口产品种类的数量少于出口到东盟以外国家和地区的。如前所述,贸易自由化使出口企业面临更为严峻的市场竞争,企业的出口向核心优势产品集中,从而没有更多资源用于开发新的出口产品种类。这意味着,贸易自由化促使企业放弃"大且全"的出口策略,更加重视提升核心出口产品的质量和市场竞争力。此外,我国与东盟国家出口产品的相似程度较高,加之东盟市场逐渐趋于饱和,新产品进入的速度必然放缓,这一结果与陈勇兵、付浪等(2015)的研究结论相符。他们通过分析中国对东盟出口的二元边际发现,CAFTA 建立之前东盟作为中国的新兴出口市场从中国进口了大量新产品,而 CAFTA 建立以后这一扩展边际的增速变缓。

进一步,为了考察 CAFTA 的建立对出口产品进入行为的影响随时间的变化趋势,在方程(5-1)中引入表征年份的二值虚拟变量 year_2003～year_2006,

分别在相应年份取 1，否则取 0。回归结果报告于表 5-4 第（3）列中。结果表明，相对于 CAFTA 建立前，CAFTA 建立以后企业新增出口产品种类的数量每一年都有所减少，且减少的程度呈上升趋势，这表明政策实施的效果逐渐增强。综上所述，CAFTA 的建立对出口产品进入企业的行为具有持续的负向影响。

表 5-4　CAFTA 对出口产品进入行为的影响

	企业新增出口产品种类的数量（Add）		
	（1）	（2）	（3）
ASEAN	-6.283^{***} （-28.05）		
post	-1.026^{***} （-13.47）	-0.953^{***} （-15.62）	
ASEAN×post	$\mathbf{-0.586^{***}}$ （$\mathbf{-3.596}$）	$\mathbf{-1.165^{***}}$ （$\mathbf{-6.110}$）	$\mathbf{-1.166^{***}}$ （$\mathbf{-6.118}$）
CAFTA 第 1 年（year_2003）			-0.584^{***} （-10.25）
CAFTA 第 2 年（year_2004）			-0.976^{***} （-14.98）
CAFTA 第 3 年（year_2005）			-1.016^{***} （-14.04）
CAFTA 第 4 年（year_2006）			-1.259^{***} （-13.91）
出口产品范围（Scope）	0.160^{***} （27.75）	0.294^{***} （12.18）	0.294^{***} （12.15）
出口规模（Scale）	0.458^{***} （17.64）	0.451^{***} （5.130）	0.465^{***} （5.223）
出口集中度（Concen t）	-5.519^{***} （-17.11）	-3.307^{***} （-8.452）	-3.291^{***} （-8.441）

表5-4(续)

	企业新增出口产品种类的数量(Add)		
	(1)	(2)	(3)
贸易方式(Process)	-2.398*** (-31.65)	-0.308** (-2.374)	-0.378*** (-2.981)
企业固定效应	No	Yes	Yes
R^2/调整的 R^2	0.507	0.473	0.474
观测值	159 066	159 066	159 066

注:括号内为回归系数的 t 统计量。ASEAN 是分组虚拟变量,用于标识企业是否为"处理组"。在控制企业固定效应的情况下,ASEAN 不进入回归方程。加粗的变量是最主要的变量(双重差分估计量),研究结果由该变量的正负值决定(下同)。**、*** 分别表示在 5%、1% 的显著性水平上显著。

表 5-5 报告了方程(5-2)的回归结果。类似地,第(1)列为混合 OLS 回归的结果,第(2)列控制了企业固定效应,第(3)列加入了年份虚拟变量以考察政策影响的持续性。在控制了不可观测的个体异质性后,出口到东盟的企业在 CAFTA 建立之后退出企业的出口产品种类的数量比出口到东盟以外国家和地区的平均少约 1.6 种,相对于 4.8 的样本均值而言还是相当可观的。这说明,贸易自由化带来的"学习效应"提高了企业原有产品在出口市场的存活率。第(3)列的回归结果表明,CAFTA 对出口产品的退出行为具有持续负向影响。值得注意的是,"CAFTA 第 2 年(year_2004)"回归系数的绝对值略低于"CAFTA 第 1 年"(year_2003),而"CAFTA 第 3 年(year_2005)"的系数绝对值有了明显增加,这表明 CAFTA 的政策效果在 2005 年有了显著提升。回顾中国-东盟自贸区的建设进行,《货物贸易协议》于 2004 年年底签署,并于 2005 年 7 月 20 日正式实施,7 000 种产品降低了关税,可以说,2005 年在 CAFTA 的建设进程中是关键的一年。

表 5-5　CAFTA 对出口产品退出行为的影响

	退出企业出口产品种类的数量(Drop)		
	(1)	(2)	(3)
ASEAN	-6.090*** (-36.21)		

表5-5(续)

	退出企业出口产品种类的数量(Drop)		
	(1)	(2)	(3)
post	−0.182*** (−2.833)	−0.189*** (−3.991)	
ASEAN×post	−0.602*** (−4.212)	−1.563*** (−9.757)	−1.563*** (−9.757)
CAFTA 第 1 年(year_2003)			−0.167*** (−2.676)
CAFTA 第 2 年(year_2004)			−0.145** (−2.435)
CAFTA 第 3 年(year_2005)			−0.259*** (−4.431)
出口产品范围(Scope)	0.155*** (34.71)	0.284*** (21.81)	0.284*** (21.81)
出口规模(Scale)	0.416*** (22.86)	0.409*** (8.626)	0.411*** (8.721)
出口集中度(Concen t)	−5.681*** (−24.49)	−2.959*** (−15.50)	−2.960*** (−15.51)
贸易方式(Process)	−2.207*** (−33.93)	0.121 (1.242)	0.115 (1.178)
企业固定效应	No	Yes	Yes
R^2/调整的 R^2	0.490	0.469	0.469
观测值	159 066	159 066	159 066

注:括号内为回归系数的 t 统计量。***表示在 1% 的显著性水平上显著。

　　ASEAN 是分组虚拟变量,用于标识企业是否为"处理组"。在控制企业固定效应的情况下,ASEAN 不进入回归方程。

5.5 稳健性检验

为了检验上述回归结果的可靠性和稳定性,本节从如下三方面进行稳健性检验。首先,考虑到方程(5-1)和(5-2)中的被解释变量均为计数变量,对模型进行负二项回归。其次,考虑到多期双重差分法可能导致的序列相关问题,进行两期双重差分法回归。最后,考虑到加工贸易在我国是一种"特殊"的存在,区分一般贸易与加工贸易对于研究我国出口企业的表现至关重要(戴觅等,2014),我们根据贸易方式对出口企业进行分组,以考察加工贸易的影响。

5.5.1 负二项回归

本研究的被解释变量(出口产品种类的数量)只能取非负整数,对于这类计数变量通常使用"泊松回归"(poisson regression)或"负二项回归"(negative binomial regression)。使用泊松回归的前提是被解释变量的期望与方差相等,即满足"均等分散"(equidispersion)(陈强,2014)。然而,本研究数据的统计特征显示,我国大多数企业每年新增或淘汰出口产品种类的数量很少,只有少数企业大幅增减出口产品种类,即被解释变量存在"过度分散"(overdispersion)的问题①。鉴于此,我们假设被解释变量服从负二项分布,并对方程(5-1)和(5-2)进行负二项回归。回归结果见表 5-6。

表 5-6 稳健性检验——负二项回归

	Add		Drop	
	(1)	(2) IRR	(3)	(4) IRR
ASEAN×post	−0.0786***	0.9244***	−0.0186**	0.9816**
	(−9.086)	(−9.086)	(−1.995)	(−1.995)
出口产品范围 (Scope)	0.00143***	1.0014***	0.002***	1.002***
	(61.63)	(61.63)	(67.82)	(67.82)

---

① 事实上,被解释变量 Add 的方差是其均值的近 55 倍,Drop 的方差是其均值的约 53 倍。

表5-6(续)

	Add		Drop	
	(1)	(2) IRR	(3)	(4) IRR
出口规模 (Scale)	0.153*** (56.13)	1.1655*** (56.13)	0.167*** (60.42)	1.1823*** (60.42)
出口集中度 (Concen t)	−1.664*** (−108.0)	0.1894*** (−108.0)	−1.669*** (−109.3)	0.1884*** (−109.3)
贸易方式 (Process)	0.0249*** (2.968)	1.0252*** (2.968)	0.050*** (5.921)	1.0512*** (5.921)
企业固定效应	Yes	Yes	Yes	Yes
观测值	149 280	149 280	148 938	148 938

注:括号内为回归系数的 z 统计量。＊＊、＊＊＊分别表示在 5%、1%的显著性水平上显著。

表 5-6 的第(1)列和第(3)列分别给出了方程(5-1)和(5-2)的负二项回归结果。表 5-4 第(2)列和表 5-5 第(2)列相比,双重差分估计量(ASEAN×post)回归系数的符号和显著性均未发生改变,虽然系数的绝对值大幅降低。为了便于对系数做出解释,第(2)列和第(4)列计算了发生率比(incidence rate ratio)。结果表明,CAFTA 建立之后,出口到东盟的企业平均新增出口产品种类的数量比出口到非东盟的少 7.56%,同时前者平均淘汰出口产品种类的数量比后者少 1.84%。与之前的结论相同,贸易自由化显著抑制了新产品进入和原有产品退出企业的行为。

5.5.2　两期双重差分法

使用双重差分模型时,如果数据多于两期(多期)会产生序列相关性问题,从而导致双重差分估计量回归系数的显著性被高估(Bertrand et al.,2004)。为了解决这一问题,笔者构建两期双重差分模型。具体来说,将整个样本区间划分为 CAFTA 建立前(2003 年以前)和 CAFTA 建立后(2003 年及以后),在两个时期内分别对所有变量取算术平均值,最终得到一个两期面板数据。使用双重差分法对方程(5-1)和(5-2)进行估计,回归结果如表 5-7 所示。可以看到,贸易自由化对出口产品进入和退出企业行为的负向影响依然显著。

表 5-7 稳健性检验——两期双重差分

	Add		Drop	
	(1)	(2)	(3)	(4)
ASEAN×post	−0.571**	−0.999***	−0.537***	−1.218***
	(−2.531)	(−7.787)	(−2.638)	(−11.43)
ASEAN	−5.771***		−5.290***	
	(−13.57)		(−15.45)	
post	−1.124***	−1.084***	−0.200**	−0.158***
	(−10.73)	(−16.94)	(−2.114)	(−2.991)
出口产品范围 (Scope)	0.156***	0.251***	0.144***	0.235***
	(23.39)	(140.0)	(26.52)	(162.9)
出口规模 (Scale)	0.566***	0.727***	0.515***	0.571***
	(19.09)	(12.04)	(18.93)	(11.22)
出口集中度 (Concen t)	−6.376***	−4.211***	−6.543***	−3.259***
	(−16.91)	(−13.56)	(−20.80)	(−12.60)
贸易方式 (Process)	−2.831***	−0.504**	−2.526***	0.519***
	(−22.71)	(−2.550)	(−25.91)	(3.121)
企业固定效应	No	Yes	No	Yes
R^2	0.539	0.461	0.539	0.530
观测值	53 022	53 022	53 022	53 022

注:括号内为回归系数的 t 统计量。**、***分别表示在 5%、1%的显著性水平上显著。

5.5.3 贸易方式分组

海关数据库对每笔交易的具体贸易方式进行了统计。本章将贸易方式分为两类:一般贸易(包括边境小额贸易、一般贸易)和加工贸易(包括出口加工区进口设备、出料加工贸易、进料加工贸易、来料加工装配进口的设备、来料加工装配贸易)。在此基础上,将出口企业分为一般贸易企业(仅从事一般贸易)、加工贸易企业(仅从事加工贸易)和混合企业(同时从事一般贸易和加工贸易)。经计算,2000—2006 年,平均 60.1% 的企业为一般贸易企业,15.8% 的企业为加工贸易企业,混合企业占总样本的 24.1%。

表 5-8　稳健性检验——贸易方式分组

	Add			Drop		
	一般贸易	加工贸易	混合企业	一般贸易	加工贸易	混合企业
ASEAN×post	-0.818^{**} (-2.542)	0.124 (1.144)	-1.175^{***} (-5.698)	-1.260^{***} (-5.279)	0.0621 (0.698)	-1.972^{***} (-7.880)
出口产品范围 (Scope)	0.445^{***} (10.47)	0.288^{***} (6.983)	0.206^{***} (16.24)	0.393^{***} (13.63)	0.275^{***} (9.647)	0.227^{***} (17.23)
出口规模 (Scale)	0.143 (0.964)	-0.00943 (-0.318)	0.746^{***} (7.229)	0.207^{**} (2.420)	-0.0270 (-1.429)	0.540^{***} (5.251)
出口集中度 (Concen t)	-2.065^{***} (-2.920)	-0.817^{***} (-3.543)	-4.098^{***} (-14.79)	-2.505^{***} (-5.400)	-0.629^{***} (-3.934)	-3.030^{***} (-10.08)
企业固定效应	Yes	Yes	Yes	Yes	Yes	Yes
R^2	0.602	0.294	0.386	0.551	0.300	0.407
观测值	63 446	33 099	62 521	61 731	34 563	62 772

注:括号内为回归系数的 t 统计量。$**$、$***$ 分别表示在 5%、1% 的显著性水平上显著。

表 5-8 列出了不同贸易方式下贸易自由化对出口产品进入和退出企业行为的影响。可以看到,加工贸易企业交叉变量 ASEAN×post 的系数变得不再显著,说明加工贸易企业的产品进入和退出行为对贸易自由化的反应并不灵敏。自 1988 年起,我国对加工贸易企业一直采取进口中间品的关税减免政策,因此加入 CAFTA 带来的关税下降对加工贸易企业并无显著影响,这是符合预期的。对于一般贸易企业和混合企业而言,贸易自由化显著抑制了出口产品进入和退出企业的行为。

5.6　本章小结

贸易自由化会影响企业对于资源的配置行为,进而影响企业增减出口产品的决策。本章以中国-东盟自贸区的建设作为准自然实验,运用 2000—2006 年中国海关数据库中的微观企业数据,使用双重差分法研究了贸易自由化对企业出口产品转换行为的影响。研究结果表明:① 贸易自由化显著抑制了出口产品进入和退出企业的行为。一方面,贸易自由化引致的"学习效应"提高了企业原有产品在出口市场的存活率;另一方面,贸易自由化引致的"竞争效应"使企业不再依靠推出新的产品种类占领出口市场,而是集中资源巩固现有核心优势产品的出口。② 加工贸易企业由于一直以来享受进口中间品的关税减免,贸易自由化对加工贸易企业的出口产品转换行为并无显著影响。

本章研究的主要启示在于:应持续推进贸易自由化进程,加快实施自贸区战略,积极建设高水平的自由贸易区。本章的研究结果表明,从微观层面来看,贸易自由化确实可以提高企业合理配置资源的能力,激励企业培育核心竞争力。我国目前的自贸区建设工作虽然取得了丰硕的成果,但自贸区的水平普遍较低,贸易措施主要以关税减让为主,与高水平自贸协定尚有不小的差距。因此,政府应当将加快高水平、高标准自贸区建设,作为新一轮对外开放的重点予以实施。

第 6 章

出口持续时间与出口产品转换行为

6.1　引言

在微观企业异质性框架下研究国际贸易问题已经成为当前国际贸易学术研究的前沿领域,研究的主题逐步深入和扩展。其中,企业的贸易行为选择越来越受到国内外学者的关注。异质性企业的贸易行为选择主要包括进入和退出市场、贸易产品的价格和质量选择、贸易产品种类的选择等。在多产品企业假定下,企业内不同产品间存在异质性,因此贸易行为选择的研究集中关注异质性产品进入和退出出口市场的行为。

从企业层面来讲,出口产品进入和/或退出的行为被称为出口产品转换(product switching)。国内外经验研究的结果普遍表明,出口产品转换行为在企业内普遍存在且频繁发生(Adalet,2009;Bernard et al.,2010;Goldberg et al.,2010;Iacovone et al.,2010;Navarro,2012;亢梅玲等,2016)。微观层面上,产品转换通过引导资源在企业内部重新配置对企业各项绩效表现(如企业规模、生产率水平、雇员人数等)产生影响(De Nardis et al.,2009;Masso er al.,2012);宏观层面上,产品进入和退出引起的资源重新配置是一国出口增长的重要驱动力量(Adalet,2009;钱学锋等,2013;亢梅玲等,2016)。

以上文献为我们理解企业的出口产品转换行为提供了丰富的视角与深刻的洞见。那么,企业内的出口产品进入与退出行为随出口持续时间的增加呈现何种变化趋势?对于这一问题的答案我们知之甚少。出口持续时间(duration of export)指的某企业从进入出口市场直到退出所经历的不间断时间。近年来,对于这一问题的相关研究结果表明,企业在出口市场频繁地进入或退出,导致企业或产品在国际市场上的持续生存时间普遍较短(Besedeš et al.,2006a;Besedeš et al.，2008；Nitsch，2009；Hess et al.，2011)，而中国企业的出口持续时间均值仅为 1.6 年，中位值为 3 年(陈勇兵、李燕等，2012)。

在 Rauch 等(2003)的理论模型中，企业在寻找贸易伙伴时面临搜索成本和信息不对称，在对贸易伙伴的信用和产品质量缺乏信任的情况下，发达国家的进口企业在从发展中国家进口产品时往往先从少量试订货开始。该理论得到了实证研究的支持：Iacovone 等(2010)利用墨西哥的贸易数据研究发现，新进入出口市场的企业往往出口较少种类及较少数量的产品，且仅有约 2/3 的新产品可以存活超过 1 年。另外，新进入出口市场的企业缺乏对目的地消费者需求的了解，当遭受需求冲击时往往做出比较"激烈"的反应，通过大幅调整出口产品种类以适应市场。随着出口持续时间的增加，企业掌握了更多国外市场信息，积累了丰富的出口经验，面临市场冲击时可以采取更加"稳健"的产品策略。因此，出口的持续性将提高出口产品的稳定性。

出口产品的转换行为是企业"破坏中创造"的一种体现，是贸易增长中扩展边际的重要组成部分，对于研究微观企业表现和出口贸易发展具有重要意义。本章以我国制造业出口企业为样本，考察了企业内的出口产品转换行为随出口持续时间的变化趋势。研究结果表明，与"年轻"企业相比，"成熟"企业的出口产品更加稳定。其中，出口产品进入率随着出口持续时间的增加呈现明显下降趋势，而出口产品退出率受到企业退出前大幅缩减出口产品范围的影响反而呈现上升趋势。

本章剩余部分的结构安排如下：6.2 节建立需求学习模型(model of demand learning)，尝试从国际市场需求冲击对企业内集约边际和扩展边际的影响方面解释出口产品进入和退出行为的变化趋势，并提出三个理论假说；6.3 节使用 2000—2006 年中国工业企业数据库与中国海关数据库的匹配数据，刻画企业内出口产品的进入和退出行为随出口持续时间变化的特征性事实；6.4 节为经验研究，通过建立计量模型考察企业层面出口产品进入率和退出率的决定因素；6.5 节为本章小结。

6.2 理论机制——需求学习模型

本节在 Jovanovic(1982)"需求学习"假设和 Arkolakis 等(2010)"产品排序模型"的基础上，构建需求学习模型来分析出口产品进入和退出行为随出口时间的变化特征。

6.2.1 消费

假设共有 $N+1$ 个国家,j 国代表性消费者的效用函数由外至内分为三层。第一层为柯布-道格拉斯(Cobb-Douglas)效用函数:

$$U_j = E \sum_{t=0}^{+\infty} \rho^t \ln(C_{jt}) \tag{6-1}$$

其中,C_{jt} 表示 t 时期 j 国全部可供消费的商品集合,ρ 为贴现因子。第二层为 CES 效用函数:

$$C_{jt} = \left(\sum_{i=1}^{N+1} \int_{\Omega_{ijt}} (e^{a_{jt}(\omega)})^{\frac{1}{\sigma}} c_{jt}(\omega)^{\frac{\sigma-1}{\sigma}} d\omega \right)^{\frac{\sigma}{\sigma-1}} \tag{6-2}$$

其中,Ω_{ijt} 表示 t 时期 j 国从 i 国进口的全部商品集合,$\omega \in \Omega_{ijt}$ 表示其中某种特定的商品,$\sigma>1$ 表示商品的替代弹性,$a_{jt}(\omega)$ 表示商品 ω 在 j 国市场受到的需求冲击(demand shock)。商品 ω 由多种差异化的产品种类 g 组成,所以 j 国消费者对商品 ω 的消费 $c_{jt}(\omega)$ 可以进一步用如下 CES 效用函数表示:

$$c_{jt}(\omega) = \left(\sum_{g=1}^{G_{ijt}(\omega)} c_{jgt}(\omega)^{\frac{\sigma-1}{\sigma}} \right)^{\frac{\sigma}{\sigma-1}} \tag{6-3}$$

其中,$c_{jgt}(\omega)$ 表示 j 国消费者对商品 ω 的某种差异化种类 g 的消费数量。

6.2.2 厂商

企业一旦成功进入市场便被赋予唯一品牌 ω,并在该品牌下生产差异化产品 g。企业在目的地市场的盈利能力由以下三个要素决定:

① 企业生产率 φ。企业在进入市场前随机抽取生产率,生产率越高则生产成本越低、盈利能力越强。假设每家企业的生产率不同,且不随时间改变。

② 产品生产率 φ_g。企业的每种产品有特定的生产率,并且这种生产率不随出口目的地和出口时间而改变。企业按照产品生产率的高低对产品进行排序,假设顺序以下标 g 表示,令 $g=1$ 代表企业内生产率最高的产品。随着 g 的增加,其代表产品的生产率逐渐降低,即 φ_g 是 g 的减函数。另外,生产率更高的企业生产每种产品的能力越强,因此 φ_g 是 g 的增函数。参照 Arkolaki 等(2010)的方法,定义 $\varphi_g = \varphi/g^\alpha (\alpha>0)$。

③ 目的地市场需求 a_{jt}。出口企业在目的地市场面临的需求由两部分组成:目的地 j 的消费者对企业品牌的偏好程度 θ_j(不随时间改变)和每期随机发生的需求冲击 ε_{jt},θ_j 和 ε_{jt} 均为随机变量。假设 θ_j 和 ε_{jt} 对企业全部产品而言无

差异,即消费者对企业所有产品的偏好程度相同,且每一次需求冲击对企业所有产品的影响相同。不同于进入市场前获得生产率,企业在进入目的地市场前并不了解该市场对企业产品的偏好情况。然而随着企业持续出口到该市场,企业通过观察每次需求冲击 a_{jt} 导致的需求变化来不断"学习"目的地真实的市场需求。假设企业在目的地市场连续出口 n 年,企业会根据实际观察到的 n 次需求冲击来确定该国的市场需求 $\bar{a}_j$。

6.2.3 均衡

假设 i 国企业出口到 j 国的固定成本为 $F_{ij}(G)$,可变成本为 $\tau_{ij} > 1 (i \neq j)$。均衡时,i 国出口到 j 国的产品种类 g 的数量为:

$$q_{ijgt}(\varphi, \bar{a}_j, n) = \left(\frac{\sigma-1}{\sigma}\right)^{\sigma} \left(\frac{\varphi}{g^{\alpha}}\right)^{\sigma} b_j^{\sigma}(\bar{a}_j, n) \times A \qquad (6-4)$$

其中,A 为给定常数①。可见,除了该产品种类的生产率 φ_g 之外,决定均衡时其出口数量的关键因素为

$$b_j(\bar{a}_j, n) = E_{a_{jt}|\bar{a}_j, n}\left[e^{\frac{a_{jt}}{\sigma}}\right] \qquad (6-5)$$

称为"预期需求"。其含义为,企业对于 j 国市场需求的预期由之前出口到该国市场的时间(年数)n 和观察到的 n 次实际需求的均值 $\bar{a}_j$ 共同决定。考虑到 $\sigma > 1$,企业对市场需求的预期越高,出口产品种类 g 的数量越多。同时,均衡时企业出口产品种类 g 所能赚取的利润为:

$$\pi_{ijgt}(\varphi, \bar{a}_j, n) = \frac{(\sigma-1)^{\sigma-1}}{\sigma^{\sigma}} \left(\frac{\varphi}{g^{\alpha}}\right)^{\sigma-1} b_j^{\sigma}(\bar{a}_j, n) \times B \qquad (6-6)$$

其中,B 为给定常数②。最终,企业会比较出口产品种类 g 所赚取的利润和成本,只要"有利可图",企业就会选择出口该产品种类。

6.2.4 理论假说

根据上述理论模型的结果,笔者提出如下三个假说。

假说 1:目的地市场需求对企业产品出口数量的影响取决于企业进入市场前的预期市场需求与进入市场后通过"学习"获得的真实市场需求之间的关系。

---

① A $=(P^{\sigma-1}Y_{jt})/(\tau_{ij}w_{it})^{\sigma}$,$P$ 为总价格,Y 为总收入,w 为 i 国工资水平。

② B $=(P_{jt}^{\sigma-1}Y_{jt})/(\tau_{ij}w_{it})^{\sigma-1}$,$P$ 为总价格,Y 为总收入,w 为 i 国工资水平。

如果后者大于前者,新的需求冲击会促使企业增加每种产品的出口数量;如果后者小于前者,新的需求冲击会促使企业减少每种产品的出口数量;如果两者相等,则产品的出口数量不变。

出口企业在进入目的地市场前无法获知该国的真实市场需求,仅有预期市场需求,记为 $\hat{a}_j$。企业成功进入目的地市场并在该市场连续出口 n 年,根据实际观察到的 n 次需求冲击,企业调整该国的市场需求为 $\bar{a}_j$。若 $\bar{a}_j > \hat{a}_j$,即企业低估了目的地市场对其产品的需求,则企业会在下一期增加产品的出口数量,即 $q(\varphi, \bar{a}_j, n+1) > q(\varphi, \bar{a}_j, n)$;若 $\bar{a}_j < \hat{a}_j$,即企业高估了目的地市场对其产品的需求,则企业会在下一期减少产品的出口数量,即 $q(\varphi, \bar{a}_j, n+1) < q(\varphi, \bar{a}_j, n)$。

假说 2:当需求冲击促使企业扩张产品的出口数量时,随着出口持续时间的增加,出口数量的扩张程度逐渐减弱;当需求冲击促使企业缩减产品的出口数量时,随着出口时间的增加,出口数量的缩减程度逐渐减弱。因此,当面临需求冲击时,与新进入出口市场的企业相比,出口时间长的企业出口数量的变化幅度较小。

定义 $r = q_g(\varphi, \bar{a}_j, n+1) / q_g(\varphi, \bar{a}_j, n)$ 表示一次新的需求冲击对某产品种类 g 出口数量的影响。由于出口数量为非负值,$\gamma > 0$,根据假说 1,当 $\bar{a}_j > \hat{a}_j$ 时,企业通过观察发现其产品在目的地市场受欢迎的程度高于预期,于是将增加 g 的出口数量,即 $\gamma > 1$。新进入市场的出口企业由于出口时间短、出口经验少、掌握的市场需求信息有限,面对这种"利好"冲击会做出更迅速、更积极的反应,即大幅增加出口数量。相比之下,出口时间长、出口经验丰富的成熟企业掌握的市场需求信息更充分,面对"利好"冲击时能够更稳健地增加出口数量。因此,产品出口数量的扩张速度会随着企业出口时间的增加而减慢,即当 $\gamma > 1$ 时,γ 是 n 的减函数。反之,当 $\bar{a}_j < \hat{a}_j$ 时,企业高估了目的地市场需求,因此将缩减产品的出口数量,即 $0 < \gamma < 1$。面对这种"不利"冲击,新企业会更大幅度缩减出口数量,即 γ 会更接近 0。因此,当 $0 < \gamma < 1$ 时,γ 是 n 的增函数。

假说 3:企业新增(与上期相比)出口产品种类的数量和即将淘汰(与下期相比)出口产品种类的数量占企业当期全部出口产品种类的数量的比例将随着企业出口时间的增加而减少。

根据假说 1,对于真实市场需求高于预期的企业,新一次的需求冲击会使企业增加每种产品的出口数量,在固定成本不变的假定下,企业出口产品的利润会增加。这使得企业有能力出口原本"无利可图"的产品,即出口产品种类的数量会增加。另外,产品的出口数量增加越多,企业越有能力赚取更高利润以支付新产品的沉没成本,从而增加更多的出口产品种类。相反,若企业发现真实市场需求低于预期水平,面临新一次的需求冲击时会缩减每种产品的出口数量,在成本不变的假定下,企业出口的利润会减少,使得企业不得不放弃原本"有利可图"的产品。同时,产品出口数量减少越多,企业利润下降越多,因此不得不放弃更多种类的出口产品。根据假说 2,企业出口持续时间与出口数量的变化程度负相关,即面临需求冲击时,年轻企业更倾向于大幅调整产品出口数量。由此可以推断,出口持续时间长的成熟企业在出口市场的表现更为稳健,出口产品范围更为稳定。毕竟,持续出口使得这些企业积累了更丰富的经验,企业品牌在国际市场知名度更高,消费者对产品的依赖性更强,这些都降低了需求变化对企业出口产品的冲击。

6.3 特征性事实

6.3.1 数据来源与数据处理

本章使用的数据来自 2000—2006 年中国工业企业数据库和中国海关数据库。前者包含全部国有企业和销售额 500 万元以上非国有制造业企业的详细统计指标,本章使用这些数据来构建企业特征变量。后者以出口企业为观测单位,详细记录了每家企业出口 HS-8 位编码产品的具体情况,本章使用这些数据来构建反映企业出口产品进入和退出行为的变量。由于上述两个数据库对企业采取截然不同的编码方式,无法直接使用企业代码对两个数据库中的企业进行匹配,本章借鉴国内外学者的相关研究方法(Ge et al.,2015),采用如下两个步骤对两个数据库中的企业进行匹配。首先,使用企业中文名称进行匹配。在某一特定年份中,若一家企业在两个数据库中具有完全相同的中文名称,则可以认定为同一企业。考虑到有些企业会在不同年份变更企业名称,我们同时对企业名称进行了跨期匹配,这使得能够将更多的企业"视为"同一家企业,从而提高了匹配的准确性。其次,使用企业的电话和邮政编码进行匹配。为了确保合并后的样本中能够包含尽可能多的企业信息,本章将两次匹配的结果进行合并,使用上述两种方法中的任何一种匹配成功的企业即视为同一企业。进一步选取其中的制造业(国民经济行业分类中 13~42 类)企业样本,最终得到 2000—2006 年制造业出口企业样本共计 81 327 家。

定义企业的出口持续时间为企业从进入出口市场直到退出所经历的不间断

时间,用年来衡量。为了研究需要,本章进一步对数据做了如下处理:

① 数据左删失(left censoring)问题。本章研究样本区间为 2000—2006 年,对于 2000 年的出口企业,我们无法获知其 2000 年以前的出口状况,即无法定义企业在该年的持续出口时间。参照陈勇兵、李燕等(2012)的处理方法,保留2000 年没有出口、仅在 2001—2006 年有出口的企业样本。因此,本章企业最长出口时间为 6 年。

② 出口产品的进入和退出属于企业内异质产品的动态研究范畴。本章不涉及企业进入和退出所导致的产品变化,而是研究持续(至少 2 年)出口企业内产品的动态变化。因此,本章企业的出口持续时间最短为 2 年。通过①和②的处理,满足条件的制造业出口企业共计 40 812 家。

③ 多个持续时间段(multiple spells)问题。在样本期间内,企业可能不止一次进入和/或退出出口市场,因此可能会存在多个持续时间段。现有研究表明,多个出口时间段的存在不会对样本观测值持续时间长度的分布产生实质性影响(Besedeš et al.,2006b;陈勇兵、李燕等,2012)。因此,本章将出口企业的多个持续出口时间段视为相互独立,由此得到出口持续时间的全样本数据,具体分布情况如表 6-1 所示。

表 6-1　出口持续时间分布统计

出口持续时间	企业个数	百分比/%
持续出口 6 年	2 490	6.10
持续出口 5 年	3 266	8.00
持续出口 4 年	5 682	13.92
持续出口 3 年	14 840	36.36
持续出口 2 年	12 818	31.41
存在多个持续出口时间段	1 716	4.21
总计	40 812	100

数据来源:2000—2006 年中国海关数据库和中国工业企业数据库。

从表 6-1 的结果来看,在全部 40 812 家出口企业样本中,95.79% 的企业只有一个持续出口时间段,存在多个持续出口时间段的企业仅占 4.21%。另外,我国出口企业国际市场上的生存时间普遍较短,多数企业的出口只维持了 2~3年,出口持续时间超过 4 年的企业仅占样本的 14.1%。

6.3.2　特征性事实

　　企业持续出口到国外市场,一方面使企业自身积累了丰富的出口经验,另一方面逐渐提升了企业品牌在国际上的知名度,增加了国外消费者对企业产品的依赖性。因此,出口持续时间的增加会缓解市场需求变化对出口企业的冲击,出口产品的稳定性将逐渐增强。根据整理得到的数据,首先考察企业的出口产品进入率和退出率随出口持续时间变化的特征事实。

　　就某特定年份 t 而言,如果一家出口企业与上一年份($t-1$)相比增加了新的出口产品种类①,则将该企业标记为"产品进入企业"(Adder)。同时,定义"产品进入率"为该企业新增出口产品种类的数量与当期(t)全部出口产品种类的数量的比值。由于样本研究区间为 2001—2006 年,本章最后得到 2002—2006 年的"产品进入企业"数量分别为 11 208、12 807、14 654、24 878 和 23 553 家,平均的产品进入率为 46.87%。企业的出口产品进入率随出口持续时间变化的趋势如图 6-1(a)所示。

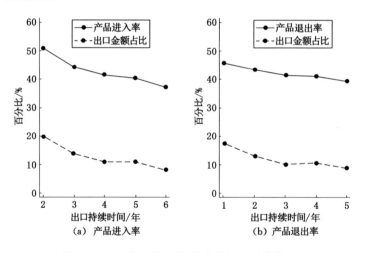

图 6-1　出口产品进入率、退出率与出口持续时间

　　图 6-1(a)揭示了出口产品进入率与出口持续时间之间的负向相关关系。具体来看,对于上一年才刚进入出口市场的企业,在其持续出口的第 2 年,出口产品进入率高达 51%。随着出口时间的延长,这一比例不断下降,在企业持续出

---

　　①　本书以 HS-8 位编码定义出口产品种类。

口的第 6 年,出口产品进入率下降至 37%。另外,新进入产品的出口金额占企业全部出口金额的比重也随出口持续时间呈现下降趋势:企业持续出口的第 2 年,新进入产品的出口金额占比为 20%,这一比例在出口的第 6 年已减少至 8%。由此可见,企业新产品进入的速度随着出口时间的增加而趋于平稳,反映了出口产品的稳定性逐年增强。

类似地,定义出口企业为"产品退出企业"(Dropper),如果该企业在未来一年($t+1$)将有产品种类退出出口市场,并相应定义"产品退出率"为即将退出的出口产品种类的数量与当期(t)全部出口产品种类的数量的比值。考虑到样本区间为 2001—2006 年,我们无法得到 2006 年以后的出口信息,从而无法定义 2006 年的产品退出企业与产品退出率,本章得到 2001—2005 年的"产品退出企业"分别为 10 612、12 238、13 900、23 757 和 23 329 家,平均的产品退出率为 44%。

图 6-1(b)揭示了企业的出口产品退出率随出口持续时间变化的趋势。首次进入出口市场的企业,其出口产品退出率为 46%,即企业当年出口的全部产品种类中有接近一半将在未来一年停止出口。然而,随着出口时间的增加,产品退出率逐渐降低,在企业持续出口的第 5 年,产品退出率减少至 39%。同时,退出产品的出口金额占企业全部出口金额的比重也由进入第 1 年的 17% 减少至进入第 5 年的 9%。

总体来看,图 6-1 的统计结果表明,随着企业出口持续时间的增加,出口产品进入和退出企业的速度逐渐减缓,出口产品的稳定性逐渐增强。然而,这种结果有可能只是统计方法造成的"假象"。举例来说,假设企业每年新增的出口产品种类均为 2 种,随着总的出口产品种类的数量不断扩大,企业的出口产品进入率必然逐年降低。可见,想要准确反映企业出口持续时间对其出口产品进入和退出强度的影响,需要通过计量模型控制企业总的出口产品范围不变。

6.4　实证分析

6.4.1　计量模型与变量解释

为了检验出口持续时间对企业出口产品的进入率与退出率的影响,借鉴国内外已有研究,将计量模型设定如下:

$$\text{ratio}_{it} = \alpha + \beta \times \text{age}_{it} + \gamma \times X_{it} + v_j + v_k + v_t + \varepsilon_{ijkt} \qquad (6\text{-}7)$$

控制变量 X_{it} 的集合如下:

$$X_{it} = \gamma_1 \times \text{n\_cty}_{it} + \gamma_2 \times \text{n\_prods}_{it} + \gamma_3 \times \text{concent}_{it} + \gamma_4 \times \ln \text{TFP}_{it} +$$
$$\gamma_5 \times \text{scale}_{it} + \gamma_6 \times \text{intern}_{it} + \gamma_7 \times \text{process}_{it} + \gamma_8 \times \text{foreign}_{it}$$

其中,下标 i、j、k 和 t 分别表示企业、行业、地区和年份;v_j、v_k 和 v_t 分别表示行业、地区和年份固定效应;ε_{ijkt} 表示随机扰动项。

被解释变量 ratio 包含两个指标:"产品进入率"和"产品退出率",分别定义为企业新增出口产品种类的数量和即将退出出口市场的产品种类的数量占企业当年全部出口产品种类的数量的比例,衡量了企业层面出口产品的进入和退出程度,反映了企业出口的稳定性。核心解释变量 age 为企业出口持续时间,即企业从进入出口市场直到退出中间经历的不间断时间,用年来衡量。对模型控制变量的选取和解释如下:

① 出口目的地数量(n_cty),反映了企业出口的市场多元化程度。出口市场多元化被认为是我国出口抵御外部需求冲击的重要战略举措(黄先海等,2011),实施该举措的企业在面临外部冲击时可以选择在不同市场间调整出口产品,产品进入或退出企业的可能性较低。

② 出口产品种类的数量(n_prods),反映了企业出口的产品多样化程度。一方面,产品进入率与退出率均定义为占企业当年全部出口产品种类的数量的比例,因此该值应当与被解释变量成反比。另一方面,出口产品范围广的企业更有可能选择产品多样化策略来分散市场风险,意味着企业具有较高的产品进入率;同时,丰富的产品种类增加了产品间的可替代性,使得企业在面临外部风险时更有可能通过放弃边缘产品的出口渡过难关。

③ 出口集中度(concent),计算公式如下:

$$\text{concent} = \sum_{p \in P_i} \left(\text{exports}_p / \sum_{p \in P_i} \text{exports}_p \right)^2$$

其中,exports_p 表示企业 i 出口某种产品 p 的金额,P_i 为该企业所有出口产品种类的集合。该指标反映了企业出口的集中程度,其值越大表明企业越专注于出口核心优势产品。Eckel 等(2010)的研究指出,多产品出口企业普遍存在"核心竞争力",企业在调整出口产品组合时会优先淘汰边缘出口产品,核心优势产品被放弃出口的可能性较低。因此,出口集中程度高的企业在面临冲击时会选择放弃更多边缘出口产品来确保其核心竞争优势。

④ 企业生产率(TFP),由 OP 方法测算得到,模型中取其对数值。Bernard 等(2010)的研究结论表明:一方面,生产率高的企业能够赚取更高的利润用以支付新产品的沉没成本,因此产品进入率更高。另一方面,生产率高的企业放弃出

口产品的可能性较小,因此产品退出率较低。

⑤ 企业规模(scale),用企业总资产的对数表示。一方面,规模大的企业资本充足、实力雄厚,在面临利好冲击时更有能力支付新产品开发所需的高成本,同时抵御开发失败的高风险,因此产品进入率较高。另一方面,规模大的企业应对国外市场波动与风险的能力强,在面临不利冲击时比小规模企业更为稳健,因此产品退出率较低。

⑥ 企业国际化程度(intern),用企业出口额占总销售额的比重来表示。由于海关数据库中产品的出口额以美元表示,而中国工业企业数据库中的销售额以人民币(万元)表示,本章使用当年人民币兑美元汇率对数据进行调整。企业的国际化程度越高,对国外市场掌握的信息就越充分,从而降低了外部风险对出口的冲击,提高了出口产品的稳定性。

⑦ 企业贸易方式变量(process)。加工贸易在中国是一种"特殊"的存在,区分加工贸易与一般贸易对于研究中国出口企业的表现至关重要(戴觅等,2014)。若企业从事加工贸易出口,则将变量 process 赋值为1,否则为0。加工贸易企业出口具有"订单导向"特征,在订单期内只需按照事先约定完成产品的加工和组装,即使面临需求冲击,企业也无法主动调整现有出口产品,因此预计产品进入率与退出率均较低。

⑧ 企业所有制变量(foreign):若出口企业为港澳台投资企业或外商投资企业,则将变量 foreign 赋值为1,否则为0。与本土企业相比,外资企业与国外联系更为紧密,掌握更多国际市场信息,因此抗击市场风险的能力更强,出口更稳定。另外,戴觅等(2014)通过分析2000—2006年中国企业-海关数据发现,加工贸易在外资企业出口额中的占比高达75%,而在非外资企业中只占27%。综上,预计外资企业的产品进入率和退出率较低。

表 6-2 列出了上述变量的定义说明与预期符号。

表6-2　变量定义明细表

变量类型	变量名称	变量标识	预期符号 (进入/退出)	定义或说明
被解释变量	产品进入率	ratio		新进入出口产品种类的数量/ 全部出口产品种类的数量
	产品退出率			即将退出出口产品种类的数量/ 全部出口产品种类的数量

表6-2(续)

变量类型	变量名称	变量标识	预期符号(进入/退出)	定义或说明
解释变量	出口持续时间	age	− / −	企业从进入出口市场直到退出中间经历的不间断时间
控制变量	出口目的地数量	n_cty	− / −	企业出口的所有目的地数量
	出口产品种类的数量	n_prods	+ / +	企业出口的所有产品种类的数量
	出口集中度	concent	? / +	出口产品金额占比的平方和
	全要素生产率(对数)	ln TFP	+ / −	OP方法测算得到的企业层面生产率
	企业规模	scale	+ / −	企业总资产的对数
	国际化程度	intern	− / −	出口额/销售额
	加工贸易	process	− / −	若企业从事加工贸易取1,否则取0
	外资企业	foreign	− / −	若企业为外资企业取1,否则取0

6.4.2　基准回归结果

Huasman检验的结果支持使用固定效应模型,基准回归结果见表6-3,其中第(1)~(2)列考察了对产品进入率的影响,第(3)~(4)列考察了对产品退出率的影响。从第(2)列的回归结果可以看出,在控制了总的出口产品种类的数量不变的情况下,核心解释变量出口持续时间(age)对进入率的估计系数显著为负,表明随着出口持续时间的增加,企业内出口产品的进入率呈现下降趋势。具体来说,企业在出口市场上每多存活一年,新产品进入率将下降2.68%,这一结果与理论预期及图6-1揭示的特征性事实相一致。然而,第(4)列的回归结果显示,在控制了相关变量不变的情况下,出口持续时间对产品退出率的影响系数为正且并不显著,这一结论虽与预期的结果不一致,但与Timoshenko(2015)的研究结论相同。可能的解释为,企业在即将退出出口市场时会大幅缩减出口产品种类,导致产品退出率不降反增。Bernard等(2004)的研究指出,企业在退出出口市场前的两年,生产率开始下降,出口产品范围不断缩减。考虑到本研究样本期间内多数企业仅持续出口2~3年便退出市场,这一结果可能是由于企业退出出口市场前的高产品退出率抵消了产品退出率自身的下降趋势所导致的。

表 6-3　出口持续时间对产品进入率与退出率的影响:基准回归结果

	产品进入率		产品退出率	
	（1）	（2）	（3）	（4）
age	−0.036 6 ***	−0.026 8 ***	−0.013 7 ***	0.000 9
	（−51.67）	（−37.82）	（−18.73）	（1.224）
n_cty		−0.001 6 ***		−0.002 2 ***
		（−25.01）		（−31.88）
n_prods		0.0019 ***		0.001 3 ***
		（27.61）		（18.80）
concent		0.184 ***		0.220 ***
		（63.23）		（75.99）
ln TFP		0.013 4 ***		−0.002
		（6.575）		（−1.027）
scale		0.005 1 ***		−0.000 3
		（9.320）		（−0.522）
intern		−0.268 ***		−0.404 ***
		（−28.63）		（−36.04）
foreign		−0.027 9 ***		−0.027 8 ***
		（−17.26）		（−16.98）
process		−0.057 3 ***		−0.051 6 ***
		（−36.57）		（−32.37）
行业固定效应	Yes	Yes	Yes	Yes
地区固定效应	Yes	Yes	Yes	Yes
年份固定效应	Yes	Yes	Yes	Yes
调整的 R^2	0.057	0.140	0.027	0.148
观测值	84 565	84·565	80 864	80 864

注:括号内为回归系数的 t 统计量。＊＊＊表示在 1% 的显著性水平上显著。

表 6-3 同时给出了控制变量对出口产品进入率与退出率影响的估计结果。结果表明,所有变量的估计系数符号均与预期一致且基本通过了 1‰水平的显著性检验。出口市场多元化程度(n_cty)、企业国际化程度(intern)与产品进入率和退出率均呈现负向相关关系,表明企业与国际市场广泛而紧密的联系有助于缓解市场需求冲击的影响,提高企业内出口产品的稳定性。出口产品种类的数量(n_prods)与产品进入率和退出率均正向相关,表明产品多样化程度高的企业产品转换更为活跃,面临外部冲击时更愿意采取调整出口产品范围等"进攻型"策略。出口集中程度(concent)高的企业一方面放弃更多边缘产品出口来维持核心竞争力,另一方面又积极引入新的出口产品种类,表明企业在注重核心能力的同时亦对多元化战略兼收并蓄。生产率水平(ln TFP)高、规模(scale)大的企业拥有更高的产品进入率与更低的产品退出率,尽管两者对退出率的影响并不显著。从贸易方式来看,从事加工贸易(process)出口的企业产品进入率和退出率均显著低于一般贸易企业,反映出加工贸易企业受制于国外订单而无法自由转换出口产品的事实。从所有制层面来看,如果企业为外资企业(foreign),产品进入率与退出率分别降低 2.79%和 2.78%。

6.4.3　分组回归结果

（1）贸易方式分组

中国海关数据库提供了企业每一笔出口交易的贸易方式,即一般贸易或加工贸易。在此基础上,将样本企业分为三类:一般贸易企业(仅从事一般贸易出口)、加工贸易企业(仅从事加工贸易出口)和混合企业(同时从事一般贸易与加工贸易出口)。分组估计结果报告在表 6-4 中。

从表 6-4 第(1)~(3)列的结果可以看出,对于任何贸易方式的出口企业,出口产品进入率均随着出口持续时间的增加而降低,其中出口持续时间每增加一年,一般贸易企业的产品进入率下降 3.2%,高于加工贸易企业(2.73%)和混合企业(2.54%)。参照表 6-3 第(2)列的结果,一般贸易的产品进入率比加工贸易高出 5.73%,同时以更快的速度趋于稳定。另外,表 6-4 第(4)~(6)列的结果表明,出口持续时间在任何贸易方式下都对产品退出率没有显著影响。如前文所述,这一结果可能是由企业退出出口市场前的高产品退出率所导致的。

其他方面,加工贸易企业与一般贸易企业的主要差异如下:

① 加工贸易企业的出口产品种类的数量(n_prods)与产品进入率和退出率显著负相关。对加工贸易企业而言,丰富的出口产品种类并不意味着产品的多

元化,可能仅是由于企业为更多国外产品"贴牌"代工所致,产品的进入和退出反而面临更多约束。

②　加工贸易企业的生产率(ln TFP)与产品进入率和退出率显著正相关。加工贸易是一种低技能投入、低技术含量的生产活动,并且享受政府在进出口方面的税收优惠,许多在国内市场生存艰难的企业在生产率较低时会选择加工贸易方式出口(戴觅等,2014)。为了能够尽快实现转型升级,部分生产率高的加工贸易企业逐渐放弃订单生产,通过主动调整出口产品组合积极参与国际市场竞争,因此具有较高的产品进入率与退出率。

表 6-4　出口持续时间对产品进入率与退出率的影响:贸易方式分组

	产品进入率			产品退出率		
	一般贸易企业 （1）	加工贸易企业 （2）	混合企业 企业 （3）	一般贸易企业 （4）	加工贸易企业 （5）	混合企业 （6）
age	−0.032 0*** (−28.02)	−0.027 3*** (−11.95)	−0.025 4*** (−26.75)	0.001 (0.873)	−0.000 9 (0.873)	−0.000 2 (−0.258)
n_cty	−0.002 5*** (−22.87)	−0.001 7*** (−8.197)	−0.000 6*** (−7.224)	−0.003 4*** (−28.42)	−0.002 2*** (−10.66)	−0.001 1*** (−12.22)
n_prods	0.003 0*** (21.96)	−0.001 4*** (−4.846)	0.001 6*** (20.36)	0.002 2*** (15.05)	−0.002 2*** (−7.466)	0.001 1*** (13.39)
concent	0.172*** (38.75)	0.243*** (26.59)	0.162*** (39.13)	0.212*** (46.72)	0.288*** (32.78)	0.190*** (46.23)
ln TFP	−0.007 5** (−2.436)	0.028 1*** (5.235)	0.009 6*** (3.178)	−0.009 3*** (−3.071)	0.015 9*** (3.281)	−0.004 9* (−1.755)
scale	0.003 3*** (3.879)	−0.000 4 (−0.229)	−0.000 6 (−0.727)	0.0025*** (2.909)	−0.010*** (−6.194)	−0.006 2*** (−7.799)
intern	−0.889*** (−29.99)	−0.074*** (−6.160)	−0.298*** (−19.53)	−0.796*** (−27.76)	−0.214*** (−10.10)	−0.297*** (−21.35)

表6-4(续)

	产品进入率			产品退出率		
	一般贸易企业 (1)	加工贸易企业 (2)	混合企业 (3)	一般贸易企业 (4)	加工贸易企业 (5)	混合企业 (6)
foreign	−0.012 4*** (−5.874)	−0.110*** (−9.712)	−0.027 1*** (−10.28)	−0.006 8*** (−3.132)	−0.102*** (−9.331)	−0.046 3*** (−16.98)
行业固定效应	Yes	Yes	Yes	Yes	Yes	Yes
地区固定效应	Yes	Yes	Yes	Yes	Yes	Yes
年份固定效应	Yes	Yes	Yes	Yes	Yes	Yes
调整的 R^2	0.136	0.207	0.102	0.130	0.251	0.096
观测值	39 284	9 353	35 927	37 476	9 477	33 909

注:括号内为回归系数的 t 统计量。*、**、*** 分别表示在10%、5%、1%的显著性水平上显著。

(2) 所有制类型分组

对于不同所有制类型的出口企业而言,出口持续时间对产品进入率和退出率的影响应该有所不同。根据中国工业企业数据库中登记的企业注册类型,笔者将出口企业分为国有企业(包括国有企业、国有独资企业、国有联营企业和其他国有控股企业)、外资企业(包括港澳台投资企业和外商投资企业)和民营企业。

表6-5 报告了出口持续时间对不同所有制企业产品进入率和退出率的影响差异。可以看出,出口持续时间的增加将会显著降低所有企业的产品进入率,却仅对民营企业的产品退出率有显著正向影响。国有企业长期以来享受政府的各项政策扶持与补贴,外资企业享有国外母公司的支持以及较为稳定的市场分销渠道,与这两类企业相比,民营企业依靠自身经营在市场上生存,面临更为激烈的市场竞争和更为严峻的生存环境,因而在出口市场上普遍存活时间短、退出率高。如前所述,企业退出出口市场前的高产品退出率,是导致出口持续时间对民营企业的产品退出率具有正向影响的主要原因。

表 6-5　出口持续时间对产品进入率与退出率的影响:所有制类型分组

	产品进入率			产品退出率		
	国有企业 （1）	外资企业 （2）	民营企业 （3）	国有企业 （4）	外资企业 （5）	民营企业 （6）
age	−0.017 8*** (−2.802)	−0.025 9*** (−31.67)	−0.032 0*** (−22.05)	0.005 4 (0.908)	−0.000 5 (−0.573)	0.004 3*** (2.814)
n_cty	−0.004 6*** (−8.062)	−0.001 3*** (−16.23)	−0.001 8*** (−15.14)	−0.004 9*** (−8.547)	−0.001 8*** (−21.62)	−0.003 0*** (−22.34)
n_prods	0.0034*** (5.949)	0.0022*** (25.21)	0.001 4*** (13.40)	0.003*** (6.804)	0.001 3*** (13.83)	0.001 4*** (12.35)
concent	0.175*** (7.255)	0.205*** (58.46)	0.137*** (25.76)	0.212*** (9.348)	0.237*** (68.27)	0.182*** (32.92)
ln TFP	−0.001 4 (−0.116)	0.021*** (8.651)	−0.011 6*** (−2.919)	0.001 6 (0.159)	0.006*** (2.640)	−0.013 6*** (−3.405)
scale	0.0105** (2.517)	0.004 6*** (6.923)	−0.000 4 (−0.359)	0.011 7*** (2.880)	−0.004 41*** (−6.673)	0.003 19*** (2.965)
intern	−0.182 (−1.557)	−0.221*** (−22.81)	−0.651*** (−19.64)	−0.109 (−0.975)	−0.360*** (−30.14)	−0.536*** (−17.23)
process	−0.044*** (−3.392)	−0.065*** (−35.61)	−0.027 3*** (−8.649)	−0.038 1*** (−3.104)	−0.062 3*** (−34.04)	−0.019 2*** (−5.778)
行业固定效应	Yes	Yes	Yes	Yes	Yes	Yes
地区固定效应	Yes	Yes	Yes	Yes	Yes	Yes
年份固定效应	Yes	Yes	Yes	Yes	Yes	Yes
调整的 R^2	0.156	0.143	0.118	0.137	0.159	0.103
观测值	1 642	58 285	24 637	1 813	55 915	23 136

注:括号内为回归系数的 t 统计量。**、***分别表示在5%、1%的显著性水平上显著。

其他方面,企业生产率(ln TFP)和国际化程度(intern)对国有企业的出口产品进入和退出均无显著影响。一直以来,我国的国有企业是在政府驱动下而非企业自身经营能力的基础上开展国际化经营的,大部分企业的对外出口与投资行为受到政府的干预与控制,其出口产品范围的选择与自身经营能力并无紧密关联。

6.4.4 稳健性检验

笔者进行了如下检验来验证实证结果的稳定性:首先,使用进入产品和退出产品的出口额占比代替出口数量占比来定义产品进入率和退出率,重新进行回归。其次,使用企业出口金额最大的一种产品占总出口金额的比重来衡量出口集中度,重新进行回归。最后,部分企业退出数据库是由于其年销售额降到了500万元以下而并非真正退出出口市场,为了进一步排除一些企业退出是由于其销售额大幅下降的可能性,我们做了更为严格的限定,将分析样本销售额标准提高至1 000万元(戚建梅等,2017)。结果表明,回归系数的符号和显著性均与表6-3一致,表明估计结果是稳健的。

6.5 本章小结

本章以2000—2006年中国工业企业数据库与中国海关数据库匹配后得到的制造业出口企业为研究样本,分析了企业的出口持续时间对企业内出口产品的进入和退出强度的影响。理论分析表明,目的地市场的需求冲击对不同"年龄"的出口企业具有不同的影响:"年轻"企业经验少、缺乏对市场需求的了解,外部冲击会导致企业大幅调整原有出口产品组合,表现为更多的出口产品进入和/或退出企业;相反地,"成熟"企业在持续出口过程中不断积累经验,逐步"学习"目的地真实市场需求,从而缓解了外部冲击对出口产品的影响。初步统计结果证实了相关理论假说:随着出口持续时间的增加,出口产品进入和退出企业的速度逐渐减缓,出口产品的稳定性逐渐增强。

基于理论假说和特征性事实,本章进一步构建计量模型分析出口持续时间对出口产品进入率和退出率的影响。结果表明,在控制了总出口产品种类的数量不变的情况下,企业的出口产品进入率随出口持续时间的增加呈现显著下降趋势。然而,出口产品退出率却不降反增。对于这一结果,笔者认为可能的原因在于:我国企业的出口生存期往往较短,企业频繁进入和退出出口市场,而企业在退出前1~2年内会大幅缩减出口产品种类,这导致了较高的产品退出率。区分出口企业贸易方式和所有制类型的分组回归证实了上述结论的稳定性。

本章的研究表明,企业出口持续时间的延长有助于缓解外部波动对企业出口的冲击。鉴于此,笔者认为提高企业在国际市场的生存期、激发企业在目的地市场"学习"需求和技术有利于出口的持续平稳常态增长。

第 7 章

出口产品转换行为动因分析

7.1　引言

　　第 3 章的研究表明,企业的出口产品转换行为普遍存在。那么企业究竟为何进行出口产品转换? 有文献从产品特征、企业特征和企业-产品特征入手考察企业进行产品转换的动因。产品特征主要是指不随企业变化、依产品而不同的影响因素,例如对产品需求或供给的冲击。Bernard 等(2010)定义了“产品新增率”和“产品淘汰率”,指出产品层面的冲击引起的企业内产品组合的调整意味着产品增加率和淘汰率之间负向相关。然而,使用美国制造业数据进行的实证研究表明,产品的新增率和淘汰率之间呈现正向相关关系,说明产品特征并不能很好地解释美国企业的产品更替行为。企业特征主要包括生产效率、企业(出口)规模、经营(出口)时间和企业面临的竞争程度等。目前,关于企业因素对产品转换的影响研究得出了不同结论。一些研究表明,(出口)规模越大、成立(出口)时间越长、生产(出口)产品种类越多的企业,越有可能淘汰(出口)产品(Navarro, 2012;De Nardis et al.,2009),原因可能在于规模大的企业往往拥有更丰富的资源和经验来调整产品。另一些研究得出了相反的结论,认为(出口)规模较小、成立(出口)时间较短的企业更倾向于淘汰产品(Iacovone et al.,2010; Adalet, 2009)。这些研究认为,规模小的企业应对市场波动与风险的能力较差,因此在面临外生冲击时,更有可能通过调整产品来加以应对。企业-产品特征是指企业对某种产品的销售(或出口)额、销售(或出口)持续期和贸易成本等因素。Bernard 等(2010)对美国企业的研究发现,相对于同一产品市场上的其他企业,一家企业生产该产品的数量越多、时间越长,则放弃该产品生产的可能性越小。Adalet(2009)对新西兰出口企业的研究以及 De Nardis 等(2009)对意大利出口企业的研究得出了相同的结论。

本章基于多产品企业假定的异质性贸易理论,利用 2000—2006 年中国微观企业出口数据,从产品特征、企业特征和企业-产品特征入手考察了企业进行出口产品转换的动因。研究结果表明,产品层面的需求或供给冲击在一定程度上导致我国出口企业内资源的重新配置。企业层面上,出口规模小的企业更有可能进行出口产品转换,而出口时间长、出口产品范围大的企业拥有更丰富的资源与经验来调整产品组合。企业-产品层面上,企业出口某种产品的规模越大、时间越长,则停止出口该产品的可能性越小。分贸易方式和企业所有权属性的回归结果证实了企业和企业-产品层面影响因素的稳健性。

本章首先构建了基于多产品异质企业假定的一般均衡模型,从理论角度阐述了产品层面的外生冲击如何影响出口产品进入或退出企业的行为;通过绘制二维散点图,定性考察了产品层面冲击对出口产品转换行为的影响;最后运用 Logit 模型研究了企业和企业-产品层面出口产品转换行为发生的动因。

7.2　基于多产品企业假定的异质性贸易模型

Bernard 等(2010)在 Jovanovic(1982)产业动态模型和 Melitz(2003)异质性贸易模型的基础上,构建了一般均衡模型并引入随机冲击来解释企业进入和退出市场及产品进入和退出企业的行为。

7.2.1　消费

假设代表性消费者的偏好由 CES 效用函数表示:

$$U = \left[\int_0^1 (a_i C_i)^v \mathrm{d}i \right]^{\frac{1}{v}} \tag{7-1}$$

其中,$i \in [0,1]$ 表示所有可供消费的商品集合;$a_i > 0$ 为赋予某种商品 i 的权重,反映了该商品在效用函数中的相对重要性;$k = 1/(1-v)(0 < v < 1)$ 代表不同商品 i 之间的替代弹性。每一种商品 i 由不同企业生产的一系列水平差异化的产品品种类(variety)组成,其消费函数也为 CES 形式:

$$C_i = \left[\iint_{\omega \in \Omega_i} (\lambda_i(\omega) c_i(\omega))^\rho \mathrm{d}\omega \right]^{\frac{1}{\rho}} \tag{7-2}$$

其中,ω 代表产品种类,Ω_i 代表商品 i 所有种类的集合;$\lambda_i(\omega) \geq 0$ 反映了消费

者对特定产品种类的偏好程度；$\sigma = 1/(1-\rho)(0 < \rho < 1)$ 表示不同产品种类之间的替代弹性。对于消费和效用函数，有两个假设：① 对于所有的商品 i，σ 是相同的；② $\sigma > k$，即同一商品的不同种类之间的替代弹性大于商品之间的替代弹性。

7.2.2　生产

企业在支付沉没成本 $f_e > 0$ 后，创建品牌并生产某种差异化的产品种类。企业的生产率 φ 和消费者对企业产品种类的偏好 λ_i 均为随机变量，分别服从连续分布 $g_e(\varphi)$ 和 $z_{ei}(\lambda_i)$。其中，生产率 φ 因企业而异（firm-specific），但对于同一企业的不同产品无差异；消费者偏好 λ_i 因企业-产品而异（firm-product specific），即消费者对于不同企业生产的不同产品种类有特定的偏好。企业一旦开始生产，将面临如下三种随机事件：① 有 $\theta > 0$ 的概率受到生产率冲击，新的生产率为 φ'；② 有 $\varepsilon_i > 0$ 的概率遭受消费者偏好冲击，新的偏好为 λ_i'；③ 有 $\delta > 0$ 的概率遭遇不可抗力冲击而倒闭。上述三种事件发生的概率均满足泊松分布。企业的生产成本由三部分组成：与产品生产无关的运营成本 f_h、生产产品 i 的固定成本 f_{pi} 和可变生产成本 q/φ，具体生产函数如下：

$$l(\varphi) = f_h + \int_0^1 \mathrm{I}_i \left[f_{pi} + \frac{q_i(\varphi,\lambda_i)}{\varphi} \right] \mathrm{d}i \qquad (7\text{-}3)$$

其中，I_i 为二值变量，取 1 表示企业生产产品 i，取 0 表示不生产产品 i。

7.2.3　均衡与企业决策

均衡时，企业需要做出如下两种决策。

决策一：是否生产产品 i。

企业如果选择生产产品 i，则会生产其中的一个产品种类。均衡时，存在一个消费者偏好的"零利润"临界值（zero-profit cutoff）——$\lambda_i^*(\varphi)$，当且仅当消费者对企业产品种类的偏好高于该临界值（$\lambda_i \geqslant \lambda_i^*(\varphi)$）时，企业生产产品 i 才"有利可图"。$\lambda_i^*(\varphi)$ 的值由如下公式决定：

$$\pi_i(\varphi,\lambda_i^*(\varphi)) = \frac{R_i(\rho P_i \varphi \lambda_i^*(\varphi))^{\sigma-1}}{\sigma} - f_{pi} = 0 \qquad (7\text{-}4)$$

其中，$\pi_i(\varphi,\lambda_i)$ 表示生产率为 φ 的企业面临消费者偏好 λ_i 时生产产品 i 所赚取的利润。由于 R_i、P_i、f_{pi}、ρ 和 σ 均为给定常数，且 $\sigma > 1$，φ 和 $\lambda_i^*(\varphi)$ 成反比，即企业生产率越高，越有可能成功生产产品 i 并盈利。由大数定律可知，企业最终

生产的产品数量等于成功生产每种产品 i 的概率的加总。综上,式(7-4)揭示的一个重要事实是:企业生产率越高,生产的产品范围越大。

决策二:进入还是退出?

在随机模型中,企业在决定进入或退出市场时,不仅要考虑已经实现的利润,还要考虑可能遭受的随机事件对企业盈利能力的影响。企业的预期利润由如下贝尔曼方程(Bellman equation)给出:

$$v(\varphi) = \begin{cases} \dfrac{\pi(\varphi) + \theta \left[\int_{\varphi^*}^{\bar{\varphi}} \left[v(\varphi') - v(\varphi) \right] g_c(\varphi' \mid \varphi) \, d\varphi' \right]}{\delta + \theta G_c(\varphi^* \mid \varphi)} & \text{当 } \varphi \geqslant \varphi^* \text{ 时} \\ 0 & \end{cases}$$

(7-5)

如前所述,δ 代表企业因遭受不可抗力而退出的概率,$\theta G_c(\varphi^* \mid \varphi)$ 表示企业遭遇不利生产率冲击而退出的概率①,因此式(7-5)中的分母代表企业退出市场的概率。分子中的 $\pi(\varphi)$ 为企业利润,余下的部分表示遭受生产率冲击后存活下来的企业在新的生产率 φ' 下所实现的利润。均衡时,存在一个企业生产率的临界值 φ^* 满足 $v(\varphi^*) = 0$,当且仅当企业生产率高于该临界值($\varphi \geqslant \varphi^*$)时,企业才会选择进入,否则企业退出市场。

上述一般均衡模型阐述了企业进入、退出市场以及新增、淘汰产品的决策。企业在支付了沉没成本之后即可抽取生产率,若生产率水平高于临界值则进入市场开始生产,否则退出。在决定生产何种产品时,企业要考虑消费者对其所生产的特定产品种类的偏好程度,并且只生产消费者偏好高于临界值的产品。外生的生产率冲击将改变企业的产品范围,正向冲击会扩大产品范围,负向冲击则会缩小产品范围。生产率不变的企业生产固定的产品种类,然而产品层面的消费者偏好冲击会引致企业内的产品转换行为:如果消费者对某种产品的偏好增加,之前不生产该产品的企业将会开始生产;如果消费者对某种产品的偏好减少,企业可能放弃原本生产的产品。

7.3 产品层面动因分析

7.2 节的理论模型表明,消费者对产品偏好的变化会导致企业新增或淘

---

① 企业遭遇生产率冲击后,新的生产率 φ' 的概率密度函数为 $g_c(\varphi' \mid \varphi)$,累计分布函数为 $G_c(\varphi' \mid \varphi)$。

汰产品的行为。事实上,产品层面上影响产品转换行为的因素主要包括对出口产品的需求(如消费者偏好改变)或供给(如技术进步)的冲击。例如,某种出口产品在国外市场受到了正向需求冲击,这会导致出口企业争相出口这种"热门"产品。类似地,出口企业将会淘汰受到负向需求冲击的"冷门"产品。因此,产品层面的外生冲击会导致出口企业内部资源在不同产品间的重新配置。

为了测度产品层面因素对出口企业产品转换的影响,笔者借鉴 Bernard 等 (2010)的方法,定义"产品新增率"(product add rate)和"产品淘汰率"(product drop rate)。具体而言,某一时期 t 某种出口产品 i 的新增率是指 $t-1$ 期至 t 期新增出口该产品的企业数目与 $t-1$ 期和 t 期出口该产品的企业平均数目之比。类似地,淘汰率是指两期之间放弃出口该产品的企业数目与两期出口该产品的企业平均数目之比。如果某种出口产品 i_1 受到正向需求冲击,从而相对于另一种出口产品 i_2 成为"热门"产品,那么相比于 i_2,较多出口企业选择新增出口 i_1 同时较少出口企业选择放弃出口 i_1。也就是说,出口产品 i_1 的新增率高于 i_2,同时淘汰率低于 i_2。因此,出口产品层面的冲击意味着产品新增率和产品淘汰率之间的负向相关关系。

图 7-1 描绘了 2001—2006 年我国出口产品新增率和淘汰率之间的关系。可以看到,我国出口产品的新增率和淘汰率之间存在负向相关关系[1],说明出口产品层面的冲击确实会引起出口企业内资源由"冷门"产品向"热门"产品的重新配置。Bernard 等(2010)对美国制造业产品的研究、Navarro(2012)对智力制造业产品的研究和 Adalet(2009)对新西兰出口产品的研究均发现产品增加率与淘汰率之间呈现正向相关,由此得出产品层面特征并不能解释企业内产品转换行为的结论。然而,本节对中国出口产品的研究表明,产品层面的外生冲击会在一定程度上引起我国出口企业内资源的重新配置。值得注意的是,有一部分点位于 $-45°$ 对角线,这部分点代表出口市场波动比较大的出口产品,具体分析详见附录 B。

---

[1]　经计算,2001—2006 年,出口产品新增率和淘汰率之间的相关系数分别为 -0.044,-0.073,-0.014,-0.030,-0.011 和 0.012。

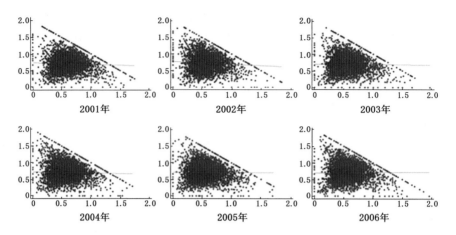

图 7-1　2001—2006 年我国出口产品新增率与淘汰率

注:图中每个点代表一种出口产品,横轴表示产品淘汰率,纵轴表示产品新增率。

7.4　企业层面和企业-产品层面动因分析

7.4.1　计量模型与变量解释

为了考察企业特征和企业-产品特征对出口产品转换行为的影响,借鉴国外相关研究的普遍方法(Bernard et al.,2010;Iacovone et al.,2010;Navarro,2012;Adalet,2009;De Nardis et al.,2009),构建 Logit 模型,将表示出口企业是否放弃出口某种产品的二值变量对企业特征变量和企业-产品特征变量做如下回归:

$$\mathrm{Drop}_{jit+1} = \alpha_i + \beta_1 \ln(\mathrm{Prod\_size}_{jit}) + \beta_2 \mathrm{Prod\_age}_{jit} + \beta_3 \ln(\mathrm{otherProd\_size}_{jit}) +$$
$$\beta_4 \ln(\mathrm{Firm\_size}_{jt}) + \beta_5 \mathrm{Firm\_age}_{jt} + \beta_6 \ln(\mathrm{Nproducts}_{jt}) + \varepsilon_{jit} \quad (7\text{-}6)$$

其中,j 和 i 分别表示企业和产品。被解释变量 Drop 为二值变量,取 1 表示企业 j 在未来一期将停止出口产品 i,取 0 表示企业 j 在未来一期将继续出口产品 i。也就是说,对于 Drop 的定义,处理组(取值为 1)是企业当期出口、下一期会放弃出口的产品,参照组(取值为 0)是企业当期出口、下一期持续出口的产品。对于新增出口产品的决策,我们无法构建相同的计量方程,原因主要有两个:第一,如果我们定义一个二值变量 Add,处理组应当是企业当期没有出口、下一期会增加出口的产品,而参照组是企业当期没有出口、下一期也没有增加的产品,而后者显然是一个无法定义的无限集合。第二,对于企业 $t+1$ 期将新增的出口产品,我们无法构建 t 期的企业-产品特征变量。

企业-产品层面的解释变量包括企业-产品的出口规模和出口时间。其中,出口规模用企业 j 对产品 i 的出口金额表示,出口时间用企业 j 出口产品 i 的年数表示。为了衡量企业 j 在产品 i 出口市场中的相对重要性,我们将企业 j 对产品 i 的出口金额和出口年数分别除以当年所有出口产品 i 的企业对该产品的平均出口金额和平均出口年数,所得的比值定义为产品出口规模(Prod_size)和出口时间(Prod_age)。显然,上述两个比值越大,说明企业 j 在产品 i 出口市场中所占的份额越大、出口经验越丰富。为了考察企业出口其他产品规模对本产品转换的可能影响,定义变量 otherProd_size 表示企业出口产品 i 以外其他产品的规模。企业层面的解释变量包括企业的出口规模(Firm_size)[①]、出口时间(Firm_age)和出口产品种类的数量(Nproducts)。其中,企业的出口规模(Firm_size)和出口时间(Firm_age)是指相对于所有企业的平均值而言的相对规模和相对时间。

7.4.2　数据来源与说明

本节使用 2000—2006 年的海关进出口统计数据,以微观出口企业为研究样本(j),以 HS-8 位编码定义出口产品(i)。出于研究需要,对海关数据进行如下处理:① 删除主要变量(企业代码、HS-8 位编码、产品出口值等)包含缺失值的样本;② 删除单笔出口额低于 50 美元的样本;③ 考虑到方程(7-6)的研究对象为持续出口企业,仅保留连续两年(t 年和 $t+1$ 年)出口的企业样本。

7.4.3　基准回归结果

表 7-1 报告了使用 Logit 模型对 2000—2006 年海关出口面板数据的估计结果。其中,第(1)列为基本 Logit 回归结果,第(2)列控制了年份固定效应。在 Logit 模型中,变量的回归系数 $\hat{\beta}$ 并非边际效应,而是"几率比"(odds ratio)的对数值。所谓几率比,是指被解释变量取 1 的概率与取 0 的概率的比值,就本研究而言,是指企业放弃出口产品 i(Drop=1)的概率与继续出口产品 i(Drop=0)的

---

① 为避免极端值对 Logit 回归的影响,分别取变量 Prod_size 和 Firm_size 的对数值进方程(7-6)。

概率的比值。第(3)列汇报了 $e^{\hat{\beta}}$，即几率比，$e^{\hat{\beta}}>1$ 意味着解释变量的增加会增大几率比，反之则相反。观察表 7-1 的结果，从企业-产品层面来看，企业-产品出口规模(Prod_size)和出口时间(Prod_age)的回归系数显著为负，系数的几率比小于 1，说明相对于同一出口产品市场上的其他企业，一家企业对该产品的出口规模越小、出口时间越短，企业停止出口该产品的可能性越大。具体来说，企业对某产品的出口规模增加 1%，企业停止出口该产品的几率比减少 24.2%(或是原来的 0.78 倍)；企业对某产品的相对出口时间每增加一个单位，企业停止出口该产品的概率减少 69.3%。该结果意味着出口企业放弃出口的往往是其不具备出口竞争力的产品，这一结论得到了大多数国家经验研究的支持(Bernard et al.，2010；Adalet，2009；De Nardis et al.，2009)。企业出口其他产品规模(otherProd_size)的系数显著为正，表明企业扩大产品 i 以外的其他产品的出口规模将增大企业淘汰本产品的可能性，反映出企业的出口产品之间存在替代性。从企业层面来看，企业出口规模(Firm_size)的系数显著为负，系数的几率比小于 1，说明企业的出口规模越小，企业放弃出口产品的可能性越大。原因可能在于，小规模企业应对市场波动与风险的能力较差，因此在面临外生冲击时，更有可能通过调整产品来加以应对。另外，企业放弃出口产品的决策与企业出口时间(Firm_age)和出口产品范围(Nproducts)呈现显著正相关，说明出口经验越丰富、出口产品范围越大的企业越倾向于淘汰出口产品。

表 7-1 Logit 基准回归结果

	(1)	(2)	(3)
产品出口规模(Prod_size)	−0.242*** (−82.00)	−0.242*** (−82.03)	0.7847*** (−82.03)
产品出口时间(Prod_age)	−0.693*** (−162.60)	−0.693*** (−161.79)	0.4998*** (−161.79)
其他产品出口规模(otherProd_size)	0.161*** (8.90)	0.160*** (8.67)	1.1741*** (8.67)
企业出口规模(Firm_size)	−0.328*** (−18.15)	−0.329*** (−17.91)	0.7198*** (−17.91)

表7-1(续)

	(1)	(2)	(3)
企业出口时间(Firm_age)	0.500*** (74.19)	0.503*** (74.84)	1.6532*** (74.84)
出口产品种类的数量(Nproducts)	0.130*** (24.06)	0.132*** (24.13)	1.1407*** (24.13)
年份	No	Yes	Yes
产品	Yes	Yes	Yes
Pseudo R^2	0.118	0.119	0.119
观测值	8 550 653	8 550 653	8 550 653
对数似然值	−5 218 952.4	−5 212 290.1	−5 212 290.1

说明:第(3)列汇报了几率比,括号里是回归系数的 z 值。＊＊＊表示在1%的显著性水平上显著。

7.4.4　贸易方式分组回归

为了检验企业-产品特征和企业特征在不同贸易方式下是否对企业放弃出口产品的行为有不同的影响,本小节按照贸易方式对出口企业进行分组。海关数据库对每笔交易的具体贸易方式进行了统计,我们将贸易方式分为两类:一般贸易(包括边境小额贸易、一般贸易)和加工贸易(包括出口加工区进口设备、出料加工贸易、进料加工贸易、来料加工装配进口的设备、来料加工装配贸易)。进一步地,将出口企业分为三类:仅从事一般贸易出口的"一般贸易企业"、仅从事加工贸易出口的"加工贸易企业"和同时从事一般贸易与加工贸易出口的"混合企业",按贸易方式分组的回归结果如表 7-2 所示。

表 7-2　Logit 回归结果——贸易方式分组

	一般贸易企业	加工贸易企业	混合企业
产品出口规模(Prod_size)	−0.214*** (−72.14)	−0.258*** (−36.42)	−0.271*** (−87.48)

表7-2(续)

	一般贸易企业	加工贸易企业	混合企业
产品出口时间(Prod_age)	−0.703*** (−109.97)	−0.456*** (−34.28)	−0.646*** (−142.16)
其他产品出口规模(otherProd_size)	0.214*** (11.10)	0.143*** (7.94)	0.181*** (8.68)
企业出口规模(Firm_size)	−0.342*** (−18.98)	−0.244*** (−11.89)	−0.352*** (−16.23)
企业出口时间(Firm_age)	0.493*** (64.71)	0.682*** (27.61)	0.691*** (74.78)
出口产品种类的数量(Nproducts)	0.0962*** (13.27)	−0.0162 (−1.01)	0.0957*** (19.76)
年份	Yes	Yes	Yes
产品	Yes	Yes	Yes
Pseudo R^2	0.093	0.101	0.127
观测值	4 612 980	380 598	3 557 075
对数似然值	−2 824 283.7	−206 209.66	−2 144 050.3

说明:表中数值为回归系数 $\hat{\beta}$,括号里是回归系数的 z 值。***表示在1%的显著性水平上显著。

对比表 7-1 第(2)列,除了加工贸易企业的出口产品种类的数量之外,其他变量估计值系数的符号和显著性均未发生改变。企业-产品方面,产品出口规模(Prod_size)和出口时间(Prod_age)的回归系数均显著为负,表明在任何贸易方式下,企业放弃的都是出口金额小、出口时间短的"劣势"产品。同时,对比三类企业的回归系数可以发现,一般贸易企业更倾向于淘汰出口时间短的产品,而加工贸易企业和混合企业则对产品的出口规模更敏感。众所周知,加工贸易企业出口具有"订单导向"的特点,这些企业出口产品的生存时间更多受到国外订单方的制约。企业出口其他产品规模(otherProd_size)的系数显著为正,表明三类企业的出口产品均存在替代性,即企业扩大某产品以外的其他产品的出口规模将增大企业淘汰该产品的可能性,且这种替代性在一般贸易企业中体现得更为明显。企业出口规模(Firm_size)的系数显著为负,表明小规模企业更倾向于放弃出口产品,且与一般贸易企业和混合企业相比,加工贸易企业的出口规模对企业淘汰产品决策的影响较小。企业出口时间(Firm_age)的系数显著为正,表明无论何种贸易方式,出口经验越丰富的企业越倾向于淘汰出口产品,而加工贸易方式下企业出口经验对淘汰产品决策的影响更大。值得注意的是,加工贸易企业出口产品范围制约了企业淘汰出口产品的行为,这一结论与基准回归结果相反。加工贸易企业出口的产品种类的数量多表明企业更广泛地从事产品的代工与出口,因此其出口产品更多受制于国外订单而无法淘汰。

7.4.5 所有权属性分组回归

本小节分析企业-产品特征和企业特征在不同所有权属性下对企业出口产品转换行为的影响。中国海关数据库将企业的所有制类型分为国有、集体、中外合资、中外合作、外商独资、私营和其他。在此基础上,我们将出口企业分为三类,即国有企业(国有企业、集体企业)、外资企业(外商独资、中外合资、中外合作)和私营企业(私营企业),按所有权属性分组的回归结果如表 7-3 所示。

表 7-3 Logit 回归结果——所有权属性分组

	国有企业	外资企业	私营企业
产品出口规模(Prod_size)	-0.261^{***} (-104.21)	-0.258^{***} (-56.97)	-0.203^{***} (-56.72)
产品出口时间(Prod_age)	-0.608^{***} (-136.46)	-0.742^{***} (-99.93)	-0.779^{***} (-65.51)
其他产品出口规模(otherProd_size)	0.152^{***} (7.87)	0.203^{***} (12.11)	0.323^{***} (12.15)
企业出口规模(Firm_size)	-0.315^{***} (-16.06)	-0.284^{***} (-15.25)	-0.459^{***} (-19.35)
企业出口时间(Firm_age)	0.684^{***} (76.49)	0.565^{***} (46.52)	0.445^{***} (38.51)
出口产品种类的数量(Nproducts)	-0.0558^{***} (-10.93)	-0.0170^{*} (-1.73)	0.162^{***} (16.71)

表7-3(续)

	国有企业	外资企业	私营企业
年份	Yes	Yes	Yes
产品	Yes	Yes	Yes
Pseudo R^2	0.125	0.139	0.091
观测值	4 075 773	1 670 784	2 635 641
对数似然值	−2 472 216	−968 079.14	−1 608 336.9

说明:表中数值为回归系数$\hat{\beta}$,括号里是回归系数的z值。*、***分别表示在10%、1%的显著性水平上显著。

　　表7-3的回归结果表明,在企业-产品层面,无论何种所有权性质的出口企业,企业-产品出口规模和出口时间估计系数的符号和显著性都与总体样本保持一致。换言之,无论国有企业、外资企业还是私营企业,企业放弃出口的都是金额小、时间短的"劣势"产品。企业层面,与基准回归结果一样,出口规模小、出口时间长的企业淘汰出口产品的可能性较大。值得注意的是,对于国有企业和外资企业来说,出口产品种类的数量越多,放弃出口产品的概率越小。由于历史的原因,我国的国有企业特别是大型、特大型企业长期以来面临较为沉重的政策性负担,这些企业的出口产品背后往往隐藏着国家战略或政策层面的需求。由于受到国家的政策性扶持,这些战略型出口产品即使并不盈利也很难被淘汰。另外,如前所述,我国大部分外资企业从事加工贸易生产,而加工贸易方式下的出口产品由于受到订单牵制具有稳定性,无法自由退出企业。

7.5　本章小结

　　本章从产品层面、企业层面和企业-产品层面入手考察了出口产品转换行为发生的动因。尽管产品增加率和淘汰率的正向相关关系得到了大多数国家经验研究的支持,我们对中国出口产品的研究得出了相反的结论。我国出口产品新增率与淘汰率之间呈现负向相关,说明对出口产品的外生冲击会影响企业的出口产品转换行为。关于企业特征如何影响出口产品的转换行为,现有研究尚未取得一致结论。我们使用中国微观出口数据的研究表明:出口规模小的企业应对市场波动与风险的能力较差,因此在面临外生冲击时,更有可能通过调整出口产品组合来加以应对；出口时间长、出口产品范围广的企业往往拥有更丰富的资源与经验来调整产品组合，因此更有可能淘汰出口产品。企业-产品层面上，企业出口某种产品的规模越大、时间越长，则停止出口该产品的可能性越小，这与国外现有文献的研究结论一致。分贸易方式和企业所有权属性的回归结果均揭示了企业和企业-产品层面影响因素的稳健性。

　　基于本章的研究结果，笔者认为在制定贸易政策时应合理地加强企业的出口产品转换行为，促进贸易结构升级。本章研究发现，我国加工贸易企业和国有企业的产品转换率较低。企业内的产品转换行为被认为是企业内部"破坏性创造"进程的一部分，企业通过新增或淘汰产品可以引导资源在企业内部进行重新优化配置。因此，在面临市场需求和技术革新等外界冲击时，应鼓励出口企业调整出口范围、转换出口产品，促进贸易结构升级。

第 8 章
研究结论、政策建议与展望

　　传统的贸易理论将企业视为同质的,主要研究资源在不同行业间的优化配置对经济的影响。以梅利茨(Melitz)为代表的异质性贸易理论学派认为企业是不同的,即企业间存在异质性,异质性企业进入和退出的动态行为会引导资源由低效率企业转向高效率企业从而提升整体经济的生产率水平。以伯纳德(Bernard)为代表的多产品企业异质性贸易理论学派则进一步强调企业内产品间存在异质性,认为异质性产品进入和退出企业的动态行为(产品转换行为)将引导资源由低效率产品向高效率产品重新配置,从而对企业、行业乃至整体经济产生影响。大量的现有研究表明,企业内产品转换行为的背后蕴含着丰富的理论意义和政策内涵,是未来异质性贸易理论研究的重要方向之一。本书以多产品企业异质性贸易理论为基础,依托工业企业数据与海关进出口数据,试图全面系统地考察我国多产品出口企业的出口产品转换行为,得到了较为丰富的研究结论。本章将对前文的主要研究结论进行归纳和总结,并探讨这些结论背后的政策内涵,最后基于本研究的局限与不足,对未来的研究方向进行展望。

8.1　主要研究结论

8.1.1　关于多产品出口企业的特征性事实

　　(1)多产品出口企业的基本特征

　　① 与单一产品出口企业相比,多产品出口企业无论在数量上还是在出口规模上均占据主导地位。我国约四分之三的出口企业出口两种或两种以上的产品,这些企业的出口金额占比超过 90%。少数出口产品种类多、出口目的地范

围广的"明星"出口企业实际上贡献了大部分的出口份额。② 多产品出口企业的绩效表现全面优于单一产品出口企业:更大的产出规模、更高的生产率水平、雇用更多的员工并支付更高的工资。③ 多产品出口企业内的出口产品分布具有明显的偏度,企业内的出口高度集中于核心优势产品。

(2) 企业层面出口产品转换行为的特征

① 出口产品转换行为在出口企业内普遍存在:约 82% 的出口企业每年进行出口产品转换,其中多数企业选择同时新增和淘汰出口产品。这一结论在剔除了贸易中间商的影响后依然稳健。② 与单一产品出口企业相比,多产品出口企业的出口产品转换行为更为普遍;与规模较小的企业相比,出口规模大的企业更有可能发生出口产品转换。③ 进一步的分组统计结果表明,受制于国外订单或合同的约束,加工贸易企业的出口产品比一般贸易企业更为稳定。同时,加工贸易在外资企业中的高比重使得外资企业出口产品相比于国有企业和私营企业更加稳定。

(3) 出口企业-产品层面转换行为的特征

① 出口企业-产品(即出口产品种类)的转换行为频繁发生,且企业内扩展边际,而非企业间扩展边际,是导致出口产品种类变化的主要原因。当年全部出口产品种类中,约 60% 为新增出口产品种类,其中多数来自持续出口企业所新增的出口产品,仅有少数来自新进入出口市场的企业;另外,当年全部出口产品种类中约 50% 在下一年将停止出口,其中多数来自持续出口企业停止出口现有产品,仅有少数来自企业退出出口市场。② 对制造业分行业的研究结果发现,新增出口产品种类的数量多的行业往往也淘汰更多的出口产品种类;出口产品范围越广的行业,出口产品转换行为越频繁。

8.1.2 关于出口产品转换行为的宏微观效应

(1) 宏观方面

通过将出口贸易总额和制造业出口贸易额在企业内集约边际、企业内扩展边际和企业间扩展上进行分解发现,出口产品转换行为对我国出口增长的贡献不容忽视。尽管我国出口增长的主要驱动力量为企业内集约边际,出口产品进入和退出行为(企业内扩展边际)对出口的贡献远大于出口企业进入和退出行为(企业间扩展边际)。

(2) 微观方面

① 出口产品转换行为对企业生产率的影响随产品转换方式而不同。使用工具变量控制了出口产品转换行为的内生性问题之后,经验研究的结果表

明,企业仅淘汰出口产品的行为显著降低了企业的生产率水平,企业同时新增和淘汰出口产品的"创造性破坏"行为对企业的生产率具有显著促进作用,而企业仅新增出口产品的行为对生产率没有显著影响。② 进一步的分组回归发现,出口产品转换行为在不同贸易方式及不同所有权属性下对企业生产率的影响具有显著差异。加工贸易出口具有"订单导向"的特点,企业调整出口产品往往不是基于市场需求变化或经营策略变更,而是随国外订单或合同被动进行调整,这种行为反而阻碍了企业生产率的进步;与此相反,一般贸易企业出口反映了"市场导向"特征,企业调整出口产品以积极适应国外市场环境变化的行为对企业的生产率具有显著促进作用。同时新增和淘汰产品的这种"创造性破坏"行为同时提高了本土企业和外资企业的生产率水平,且对前者生产率的促进作用更大。

8.1.3 关于贸易自由化与出口产品转换行为

贸易自由化显著抑制了企业的出口产品转换行为,稳定了出口产品组合。一方面,贸易自由化使出口企业有机会学习国外先进的生产工艺和管理经验,改进原有生产流程和技术,这种"学习效应"提升了现有产品的市场适应能力和存活率,从而抑制了出口产品退出企业的行为。另一方面,贸易自由化使出口企业面临更为严峻的市场竞争,这种"竞争效应"促使企业放弃"大而全"的出口策略,将资源向核心出口产品集中,从而抑制了新产品进入企业的行为。使用负二项回归和两期双重差分法的稳健性检验证实了上述结果的可靠性和稳定性。

进一步对贸易方式进行分组回归发现,加工贸易企业的产品进入和退出行为对贸易自由化的反应并不灵敏。自 1988 年起,我国对加工贸易企业一直采取进口中间品的关税减免政策,因此关税下降对加工贸易企业并无显著影响,这是符合预期的。

8.1.4 关于出口持续时间与出口产品转换行为

利用需求学习模型的分析结果表明,出口持续时间短的"年轻"企业经验少、缺乏对目的地市场需求的了解,在面临外部冲击时会大幅调整现有出口产品组合加以应对,表现为更多的出口产品进入和/或退出企业;相反,出口持续时间长的"成熟"企业在出口过程中不断积累经验,逐步"学习"目的地真实市场需求,因此能够更加从容地应对外部冲击。初步的统计结果验证了相关理论假说:随着出口持续时间的增加,企业新增出口产品种类的速度逐渐放缓,现有出口产品种类退出企业的速度亦呈下降趋势,出口产品的稳定性增强。

进一步构建计量模型控制企业总的出口产品种类的数量不变,实证结果表明,出口产品进入企业的速度随出口持续时间的增加呈现显著下降趋势。然而,出口产品退出企业的速度却不降反增,这与理论预期和初步统计结果相悖。对于这一结果,我认为可能的原因在于:我国企业的出口生存期往往较短,仅持续出口 2~3 年便退出市场,而企业在退出前 1~2 年内由于生产率迅速下降而大幅缩减出口产品范围,大量的出口产品退出抵消了产品退出率自身的下降趋势。分组估计结果发现,一般贸易企业出口产品进入随出口持续时间的下降程度高于加工贸易企业和混合企业;相比于国有企业和外资企业,民营企业的生存环境更加严峻,出口存活期短、出口产品退出率高,因此产品退出速度在其生存期内显著增加。

8.1.5　关于出口产品转换行为背后的动因

产品层面,针对某种出口产品的需求(例如消费者偏好改变)或供给(例如技术进步)冲击将会导致企业新增或淘汰该出口产品。具体来说,如果冲击为正向的,则之前不出口该产品的企业会开始出口这种"热门"产品;如果冲击为负向的,则正在出口该产品的企业可能放弃出口这种"冷门"产品。通过绘制散点图进行定性分析发现,出口产品层面的外生冲击确实在一定程度上解释了我国出口企业内资源由"冷门"产品向"热门"产品的重新配置,即出口产品的转换行为。

企业层面,考虑到应对市场波动与风险的能力,出口规模小的企业更有可能放弃出口产品来应对冲击;出口产品范围广、出口时间长的企业,产品间的可替代性较强,且拥有更多的资源与经验用以调整产品,因此放弃出口产品的可能性更高。企业-产品层面,相对于同一出口产品市场上的其他企业,一家企业对该产品的出口规模越小、出口时间越短,企业停止出口该产品的可能性越大。这意味着出口企业放弃出口的往往是其不具备竞争力的产品,这一结论得到了大多数国家经验研究的支持。

8.2　政策建议

基于上述研究结论,本书提出如下政策建议:

第一,积极鼓励企业的出口产品转换行为,促进贸易结构升级。本书的研究表明,出口产品的转换行为是企业内部"破坏性创造"进程的重要部分,这种"资源重置"行为不仅能够提高企业自身的生产效率,更能对一国的出口贸易产生影响。因此,在制定贸易政策时,应积极鼓励企业通过主动改变出口产品组合引导资源由低效率产品向高效率产品重新优化配置,以提高企业适应国际市场环境变化的能力,增强企业在国际市场上的竞争力。另外,加工贸易在我国有着广泛而深入的基础,在创造就业、增加外汇收入、充分发挥劳动力比较优势等方面起到了积极的作用。然而,受到国外订单或合同的限制,加工贸易企业的出口产品无法根据市场需要灵活变更,被动调整出口产品的行为不利于资源的优化配置,反而阻碍了企业生产率的进步。因此,应加快出口增长模式转变,大力推进加工贸易企业转型升级,延长加工贸易在国内的深加工链条。在限制低技术含量和低附加值加工贸易的同时,大力鼓励高精尖加工贸易的发展,引导加工贸易企业从单纯加工向高附加值的价值链中高端制造环节、零部件配套环节和自主研发环节延伸。

第二,持续推进贸易自由化进程,加快实施自由贸易区战略,积极建设高水平的自由贸易区。本书的研究结果表明,从微观层面来看,贸易自由化有助于企业稳定出口,激励企业培育出口核心竞争力。尽管中国在入世后遵循承诺稳步有序地削减关税、开放市场,但形式多样的非关税壁垒依然存在,因此,应持续深化贸易自由化改革。自由贸易区建设方面,中国目前已与 24 个国家和地区签署了 16 个自由贸易协定,可谓成果丰硕。但是,已建成的自由贸易区水平普遍较低,贸易措施主要以关税减让为主,与高水平自贸协定尚有不小的差距。因此,加快实施自由贸易区战略,努力建成高水平、高标准的自由贸易区是中国新一轮对外开放的重要内容。

第三,有效提高企业在国际市场上的生存时间。在世界经济复苏艰难的大背景下,外部经济的波动极易对我国的出口企业造成冲击。在"新常态"阶段,保持出口贸易平稳发展乃是我国贸易政策的主要目标之一,而微观出口企业在国外市场的生存与发展对稳定出口具有重要意义。然而,我国出口企业目前的生存状况不容乐观,研究显示,企业出口的平均寿命仅为 1.6 年,这意味着很多企业踏入出口市场即夭折。本书的研究表明,企业出口持续时间的延长有助于缓解外部波动对企业出口产品的冲击,稳定出口。有鉴于此,笔者认为提高企业在国际市场的生存期、激发企业在目的地市场不断"学习"需求和技术,有利于出口的持续平稳常态增长。

8.3 研究展望

从多产品企业异质性的视角考察企业内产品的动态变化,在我国是一个比较新的研究领域。本书刻画了我国多产品出口企业的特征性事实,探讨了出口产品转换行为的宏微观效应,并考察了贸易自由化、出口持续时间和其他因素对出口产品转换行为的影响,在一定程度上丰富了对我国出口企业内异质性产品动态行为的认知。当然,本研究仍然存在诸多不足与需要改进的地方,现总结如下:

第一,本书的研究视角和维度有待于进一步拓宽。例如,在研究出口产品转换行为对企业绩效的影响时,本书主要选取了全要素生产率作为衡量绩效的指标,而出口产品的进入和退出行为还可能在其他方面影响企业表现,比如企业的产出、雇用人数、工资水平等。再如,本书使用双重差分法考察了贸易自由化对出口产品转换行为的影响,以避免政策内生性问题。在未来的研究中,可以使用关税数据或非关税壁垒数据测算贸易自由化指标,或许能够得到更为丰富的研究结论。

第二,中国工业企业数据库对于企业所生产的产品并未做出详细统计,产品数据严重缺失,而现有的数据也仅提供了笼统的产品描述,并未像海关进出口数据那样提供具体的产品代码。囿于数据限制,我们无法研究制造业企业所生产的产品的动态演化及其影响。因此,完善中国工业企业数据库中的产品数据对产品动态研究的进一步开展将大有裨益。

第三,在多产品企业异质性贸易理论框架下,产品的动态转换行为所引发的"资源重置效应"是未来研究的重要方向之一,本书构建计量模型初步探讨了该效应对企业生产率的影响。然而,初始生产率高的企业通常能够赚取更高的利润用以支付新产品的沉没成本,因而更有可能改变产品范围,因此,模型的内生性问题亟待解决。尽管本书在相应部分对这一问题进行了处理,但略显粗陋,进一步构建更为精确和细致的工具变量是未来研究的方向。

第四,为了适应贸易新情况以及其他政策的变化,中国海关总署每年会对某些出口产品的 HS-8 位编码进行调整。在研究出口产品转换行为时,如果不将 HS-8 编码的调整与出口产品的变化加以区分,势必造成研究结论的偏误。本书依据海关总署颁布的"进出口税则税目调整表"生成"HS-8 位编码转化表",尝试对这一问题进行处理(详见附录)。然而,目前仅能获取样本后期的"进出口税则税目调整表",无法完全剔除编码调整的影响,这亦是后期研究的可能方向。

附录 1　海关 HS-8 位编码的调整

我国海关数据库采用国际通用的《商品名称及编码协调制度》表示产品种类,一个 HS-8 位编码对应一种出口产品。为了适应贸易新情况以及其他政策的变化,海关总署每年会调整部分出口产品的 HS-8 位编码。如果不剔除 HS-8 位编码调整对出口产品转换的影响,将会造成统计结果的偏误。本附录结合中国海关总署公布的 2005—2006 年进出口税则税目调整表(附表 1-1)对具体的处理步骤进行说明。

附表 1-1　2005—2006 年海关进出口税则税目调整表(节选)

调整前		调整后		说明
税号	货品名称	税号	货品名称	
04.10	其他税号未列名的食用动物产品	04.10	其他税号未列名的食用动物产品	
0410.0020	——鲜蜂王浆			删除税目
0410.0030	——鲜蜂王浆粉			删除税目
			——蜂产品	
		0410.0041	——鲜蜂王浆	增列税目
		0410.0042	——鲜蜂王浆粉	增列税目
		0410.0043	——蜂花粉	增列税目
		0410.0049	——其他	增列税目

附表1-1(续)

调整前		调整后		说明
税号	货品名称	税号	货品名称	
15.15	其他固定植物油、脂(包括希蒙得木油)及其分离品,不论是否精制,但未经化学改性	15.15	其他固定植物油、脂(包括希蒙得木油)及其分离品,不论是否精制,但未经化学改性	
	——其他		——其他	
		1515.9020	——印楝油及其分离品	增列税目
1 515.909 0	——其他	1 515.909 0	——其他	
15.21	植物蜡(甘油三酯除外)、蜂蜡、其他虫蜡及鲸蜡,不论是否精制或着色	15.21	植物蜡(甘油三酯除外)、蜂蜡、其他虫蜡及鲸蜡,不论是否精制或着色	
1 521.900 0	——其他		——其他	
		1 521.901 0	——蜂蜡	增列税目
		1 521.909 0	——其他	

(1) HS-8 位编码关联表(correlation tables)

新版税号(以下称 HS2006)与旧版税号(以下称 HS2005)之间的对应关系可以分为如下四类:

① 新子目来自原子目的全部商品,即 HS2006 与 HS2005 之间是 1∶1 对应关系,如附图 1-1 所示。

新子目		原子目
0410.0041	→	0410.0020
0410.0042	→	0410.0030

附图 1-1 1∶1 对应关系

② 新子目由原子目拆分得到,即 HS2006 与 HS2005 之间是 $n∶1$ 对应关系,如附图 1-2 所示。

新子目	原子目
1212.2041	1212.2040
1212.2042	
1212.2049	

附图 1-2　$n : 1$ 对应关系

③ 新子目由原子目合并得到,即 HS2006 与 HS2005 之间是 $1 : n$ 对应关系,如附图 1-3 所示。

新子目	原子目
7616.9100	7616.9110
	7616.9190

附图 1-3　$1 : n$ 对应关系

④ 新子目由原子目拆分且合并得到,即 HS2006 与 HS2005 之间是 $n : n$ 对应关系,如附图 1-4 所示。

新子目	原子目
0403.1022	0403.1011
0403.1004	0403.1013
0403.1024	0403.1019

附图 1-4　$n : n$ 对应关系

按照上述分类,附表 1-2 统计了 HS2006 对 HS2005 的调整情况。

附表 1-2　HS2006 与 HS2005 之间的关联情况

关系	$1 : 1$	$n : 1$	$1 : n$	$n : n$
数量	4	107	16	0

(2) HS-8 位编码转换表(conversion tables)

转换表的作用是将新版税号(HS2006)转换为与之唯一对应的旧版税号(HS2005)。显然,对于 $1 : 1$ 和 $n : 1$ 的对应关系,可以直接将新版 HS-8 位编码唯一对应到旧版 HS-8 位编码。但是对于 $1 : n$ 的对应关系,则需要在 n 个旧版 HS-8 位编码中选择最为合适的一个。选取的规则参考联合国经济和社会事务部对于 HS 编码转换的指导性说明,同时结合本数据的实际情况。具体采取如下两种规则：

① 定量法（quantitative method）。如果在可选的 n 个旧版 HS-8 位编码中，某个编码对应出口产品的出口金额占所有 n 个编码对应出口产品出口总额的 75％以上，则将新版 HS-8 位编码转换为该编码，如附表 1-3 所示。

附表 1-3　定量法

HS2006	HS2005	出口金额占比	转换为
7 314.120 0	7 314.121 0	9.79％	7 414.129 0
	7 414.129 0	90.21％	

② 其他法（"others" method）。如果在可选的 n 个旧版 HS-8 位编码中，没有任何一个编码对应的出口产品的出口金额占比超过 75％，则只要这 n 个编码中包含商品描述为"其他"的编码，则将新版 HS-8 位编码转换为该编码，如附表 1-4 所示。

附表 1-4　其他法

HS2006	商品描述	HS2005	商品描述	出口金额占比	转换为
7 806.000 0	其他铅制品				7 806.009 0
		7 806.001 0	——工业用	35.82％	
		7 806.009 0	——其他	64.18％	

（3）剔除 HS-8 位编码调整的影响

利用 2005—2006 年的编码转换表，可以将由于 HS-8 位编码调整导致的出口产品变更与企业实际发生的出口产品转换进行区分。在剔除了编码调整的影响后，2005—2006 年持续出口企业的出口产品转换情况如附表 1-5 所示。

附表 1-5　剔除编码调整因素前后的出口产品转换对比（2005—2006 年）

	不改变	只新增	只淘汰	同时新增和淘汰
未剔除	16.99％	16.15％	13.12％	53.73％
剔除后	17.15％	16.29％	13.29％	53.26％

注：单元格中的数值为出口企业占比。

观察附表 1-5 的结果，可以看到：误将 HS-8 位编码调整导致的出口产品变化视为企业进行了出口产品转换确实会导致对转换行为的高估。在剔除了编码调整的影响后,2005—2006 年持续出口企业中发生了出口产品转换行为的企业占比由剔除前的 83.01% 下降至 82.85%。变化幅度很小的原因在于,2005—2006 年 HS-8 位编码发生了变化的出口产品仅有不到 150 种,占全部出口产品种类的数量的比例很小(2005 年共计出口 HS-8 位编码产品 7 129 种,2006 年共计出口 HS-8 位编码产品 7 171 种)。

附录 2 产品新增率与产品淘汰率

针对出口产品 i，我们定义如下三类出口企业 j 的集合：① N_j^1：$t-1$ 期不出口产品 i，t 期出口产品 i 的企业集合；② N_j^2：$t-1$ 期出口产品 i，t 期也出口产品 i 的企业集合；③ N_j^3：$t-1$ 期出口产品 i，t 期停止出口产品 i 的企业集合。

根据"产品新增率"和"产品淘汰率"的定义，可以写出如下公式：

$$\text{AddRate}_i = \frac{N_j^1}{1/2 \left[(N_j^2 + N_j^3) + (N_j^2 + N_j^1) \right]} = \frac{2N_j^1}{N_j^1 + 2N_j^2 + N_j^3} \quad (1)$$

$$\text{DropRate}_i = \frac{N_j^3}{1/2 \left[(N_j^2 + N_j^3) + (N_j^2 + N_j^1) \right]} = \frac{2N_j^3}{N_j^1 + 2N_j^2 + N_j^3} \quad (2)$$

对于 t 期首次进入出口市场的出口产品 i，$N_j^2 = N_j^3 = 0$，即 $\text{AddRate}_i = 2$，$\text{DropRate}_i = 0$。对于 t 期完全退出出口市场的出口产品 i，$N_j^1 = N_j^2 = 0$，即 $\text{AddRate}_i = 0$，$\text{DropRate}_i = 2$。因此，$\text{AddRate}_i \in [0, 2]$，$\text{DropRate}_i \in [0, 2]$。

注意到，$(\text{AddRate}_i + \text{DropRate}_i) = \dfrac{2(N_j^1 + N_j^3)}{N_j^1 + 2N_j^2 + N_j^3}$。当 $N_j^2 \to 0$ 时，$(\text{AddRate}_i + \text{DropRate}_i) \to 2$；当 $N_j^2 \to \infty$ 时，$(\text{AddRate}_i + \text{DropRate}_i) \to 0$。

因此，图 7-1 中 $-45°$ 对角线上的点代表 $N_j^2 = 0$，即没有出口企业持续出口该产品。反之，一部分原来不出口该种产品的出口企业，由于受到正向冲击新增该产品；同时，一部分原来出口该种产品的企业，受到负向冲击放弃出口该产品。因此，对角线上的点代表出口市场波动比较大的出口产品。

参 考 文 献

白重恩,王鑫,钟笑寒,2011.出口退税政策调整对中国出口影响的实证分析[J].
经济学(季刊),10(3):799-820.

曹亮,曾金玲,陈勇兵,2010.CAFTA 框架下的贸易流量和结构分析:基于
GTAP 模型的实证研究[J].财贸经济(4):76-84.

曹亮,蒋洪斌,黄羽,2013.中国农产品进口的贸易创造与贸易转移效应:基于
CAFTA 框架的评估[J].农业经济问题,34(11):19-26.

陈林,2015,伍海军.国内双重差分法的研究现状与潜在问题[J].数量经济技术
经济研究,32(7):133-148.

陈强,2014.高级计量经济学及 Stata 应用[M].2 版.北京:高等教育出版社.

陈雯,2009.中国-东盟自由贸易区的贸易效应研究:基于引力模型"单国模式"的
实证分析[J].国际贸易问题 (1):61-66.

陈勇兵,陈宇媚,周世民,2012.贸易成本、企业出口动态与出口增长的二元边际:
基于中国出口企业微观数据:2000—2005[J].经济学(季刊),11(4):
1477-1502.

陈勇兵,付浪,汪婷,等,2015.区域贸易协定与出口的二元边际:基于中国-东盟
自贸区的微观数据分析[J].国际商务研究,36(2):21-34.

陈勇兵,李冬阳,2015.多产品出口企业的研究进展[J].中南财经政法大学学报
(4):114-124.

陈勇兵,李燕,周世民,2012.中国企业出口持续时间及其决定因素[J].经济研
究,47(7):48-61.

戴觅,余淼杰,Madhura Maitra,2014.中国出口企业生产率之谜:加工贸易的作
用[J].经济学(季刊),13(2):675-698.

黄先海,周俊子,2011.中国出口广化中的地理广化、产品广化及其结构优化[J].
管理世界(10):20-31.

亢梅玲,李涛,袁亦宁,2017.贸易自由化、产品组合与中国多产品出口企业[J].

国际贸易问题（7）：50-62.

亢梅玲，田子凤，2016.贸易自由化、产品转换与多产品出口企业[J].国际贸易问题（8）：52-61.

毛其淋，2013.贸易自由化、异质性与企业动态：对中国制造业企业的经验研究[D].天津：南开大学.

聂辉华，江艇，杨汝岱，2012.中国工业企业数据库的使用现状和潜在问题[J].世界经济，35(5)：142-158.

彭国华，夏帆，2013.中国多产品出口企业的二元边际及核心产品研究[J].世界经济，36(2)：42-63.

戚建梅，洪俊杰，仪珊珊，2017.多产品出口对企业生存影响的微观数据分析[J].世界经济研究（2）：25-37.

钱学锋，王胜，陈勇兵，2013.中国的多产品出口企业及其产品范围：事实与解释[J].管理世界（1）：9-27.

汪颖博，陈媛，徐小聪，等，2017.贸易自由化与多产品企业出口行为：以加入CAFTA为准自然实验[J].宏观经济研究（2）：63-76.

杨汝岱，2015.中国制造业企业全要素生产率研究[J].经济研究，50(2)：61-74.

郑新业，王晗，赵益卓，2011."省直管县"能促进经济增长吗?：双重差分方法[J].管理世界（8）：34-44.

ADALET M，2009. Multi-product exporters and product turnover behavior of New Zealand exporters[R]. New Zealand treasury working paper，No. 09/01.

AHN J，KHANDELWAL A K，WEI S J，2011. The role of intermediaries in facilitating trade[J]. Journal of international economics，84(1)：73-85.

ÁLVAREZ R，ZAHLER A，2014. Export mix changes and firm performance：evidence from chile[R]. IDB working paper series No. IDB-WP-505.

AMITI M，KONINGS J2007. Trade liberalization，intermediate inputs，and productivity：evidence from Indonesia[J]. American economic review，97(5)：1611-1638.

ARKOLAKIS C，MUENDLER M-A，2010. The extensive margin of exporting products：a firm-level analysis[J]. SSRN electronic journal.

BALDWIN J，GU W L，2009. The impact of trade on plant scale，production-Run length，and diversification[J]. Producer dynamics：new evidence from Micro data：557-596.

BERNARD A B，JENSEN J B，2004. Exporting and productivity in the USA

[J]. Oxford review of economic policy,20(3):343-357.

BERNARD A B,JENSEN J B,REDDING S J,et al. ,2007. Firms in international trade[J]. Journal of economic perspectives,21(3):105-130.

BERNARD A B,REDDING S J,SCHOTT P K,2010,. Multiple-product firms and product switching[J]. American economic review,100(1):70-97.

BERNARD A B,REDDING S J,SCHOTT P K,2011. Multiproduct firms and trade liberalization[J]. The quarterly journal of economics,126(3):1271-1318.

BERNARD A B, VAN BEVEREN I, VANDENBUSSCHE H, 2014. Multi-product exporters and the margins of trade[J]. The Japanese economic review,65(2):142-157.

BERTRAND M,DUFLO E,MULLAINATHAN S,2004. How much should we trust differences-In-differences estimates? [J]. The quarterly journal of economics,119(1):249-275.

BESEDEŠ T,PRUSA T J, 2006b. Product differentiation and duration of US import trade[J]. Journal of international economics,70(2):339-358.

BESEDEŠ T,PRUSA T J, 2008. The role of extensive and intensive margins and export growth[R]. NBER working paper.

BESEDEŠ T, PRUSA T J,2006a. Ins, outs, and the duration of trade[J]. Canadian journal of economics,39(1):266-295.

CHANEY T, 2008. Distorted gravity:the intensive and extensive margins of international trade[J]. American economic review,98(4):1707-1721.

DE NARDIS S, PAPPALARDO C, 2009. Export, productivity and product switching: the case of italian manufacturing firms[R]. ISAE working paper, No. 110.

ECKEL C,NEARY J P,2010. Multi-product firms and flexible manufacturing in the global economy[J]. The review of economic studies,77(1):188-217.

FEENSTRA R C,LI Z Y,YU M J,2014. Exports and credit constraints under incomplete information:theory and evidence from China[J]. Review of economics and statistics,96(4):729-744.

FEENSTRA R, MA H, 2007. Optimal choice of prodcut scope for multiproduct firms under monopolistic competition[R]. NBER working paper.

GE Y,LAI H W,ZHU S C,2015. Multinational price premium[J]. Journal of development economics,115:181-199.

GOLDBERG P K,KHANDELWAL A K,PAVCNIK N,et al,2010. Multiproduct firms and product turnover in the developing world: evidence from India [J]. Review of economics and statistics, 92(4):1042-1049.

HESS W, PERSSON M, 2011. The duration of trade revisited: continuous-time vs. discrete-time hazards[J]. Empirical economics.

HSIEH C T, KLENOW P J, 2009,. Misallocation and manufacturing TFP in China and India[J]. The quarterly journal of economics124(4):1403-1448.

IACOVONE L, JAVORCIK B S, 2008. Multi-Product Exporters: Diversification And Micro-Level Dynamics [R]. The World Bank, policy research working paper No. 4723.

IACOVONE L, JAVORCIK B S, 2010. Multi-product exporters: product churning, uncertainty and export discoveries[J]. The economic journal, 120(544): 481-499.

JOVANOVIC B, 1982. Selection and the evolution of industry[J]. Econometrica, 50(3):649.

MASSO J, VAHTER P, 2012. The role of product level entry and exit in export and productivity growth: evidence from Estonia [J]. Working papers—business administration(86):3-28.

MAYER T, MELITZ M J, OTTAVIANO G I P, 2014. Market size, competition, and the product mix of exporters[J]. American economic review, 104 (2):495-536.

MELITZ M J, 2003. The impact of trade on intra-industry reallocations and aggregate industry productivity[J]. Econometrica, 71(6):1695-1725.

MOXNES A, ULLTVEIT-MOE K H, 2010. Product adjustments: a firm-level analysis of the impact of a real exchange rate shock[R]. International trade and regional economics.

NAVARRO L, 2012. Plant level evidence on product mix changes in Chilean manufacturing[J]. The journal of international trade & economic development, 21(2):165-195.

NITSCH V, 2009. Die another day: duration in German import trade[J]. Review of world economics, 145(1):133-154.

QIU L, YU M J, 2013. Multiproduct firms, export product scope and trade liberalization [R]. Working paper.

Rauch J E, Watson J, 2003. Starting small in an unfamiliar environment[J]. International journal of industrial organization, 21(7):1021-1042.

TIMOSHENKO O A,2015. Product switching in a model of learning[J]. Journal of international economics,95(2):233-249.

UPWARD R,WANG Z,ZHENG J H,2013. Weighing China's export basket: the domestic content and technology intensity of Chinese exports[J]. Journal of comparative economics,41(2):527-543.

YU M J, 2015. Processing trade, tariff reductions and firm productivity: evidence from Chinese firms[J]. The economic journal,125(585):943-988.